건강한 부자는 자녀를 이렇게 가르친다

건강한 부자는 자녀를 이렇게 가르친다

푸른늘소나무

부자에 대한
몇 가지 교훈

부자에 대한 두 가지 이야기를 들어보자.

예화 1 : "낙타가 바늘귀로 들어가는 것이 부자가 하나님 나라에 들어가는 것보다 쉬우니라"(신약성서 마태복음 19장)

예화 2 : 어느 날 두 사람이 랍비를 찾아왔다. 그런데 한 사람은 부자로 랍비와 한 시간이나 이야기를 하고 돌아갔다. 가난한 다른 사람은 한참을 기다리다가 랍비를 만나게 되었는데 랍비는 그와 5분간만 이야기를 하고 돌려보내려 했다. 가난한 이가 화가 나서 소리쳤다.

"아니, 부자와는 한 시간이나 이야기하면서 나와는 왜 5분 만 이야기를 하는 거요? 그게 공평한 일입니까?"

랍비가 대답했다.

"나의 아들이여, 당신의 경우는 금세 가난하다는 것을 알아 차렸소. 하지만 부자의 경우는 마음이 가난하다는 것을 알아 차리는 데 한 시간이나 걸렸기 때문이라오."

이 두 가지 이야기는 부자가 일반 서민들에게 얼마나 부정 적으로 비추어지는지를 보여주고 있다. 우리 속담에도 '재떨 이와 부자는 모일수록 더럽다'는 말이 있을 정도다.

한편으로는 '부자 삼대 가기 어렵다'는 말도 있다. 쓰기는 쉬워도 지키기는 그만큼 어려운 것이다.

이런 것을 살펴볼 때 부자로 산다는 것도 쉽지 않고 그 부富 를 지켜가는 것도 결코 쉬운 일이 아니라는 것을 알 수 있을 것 이다.

우리는 누구나 다 부자가 되기를 원한다. 특히 내 자녀만은 부모처럼 고생하지 않고 부자로 잘 살아주기를 기대한다. 그 리고 어느 정도 자산을 모은 부자들은 그 자산을 자식들이 잘 관리해주기를 간절히 기대한다.

하지만 그것은 참 어려운 일이다. 전세계 부자의 20% 정도 만이 다음 대에서 그 자산을 잘 관리하고 있다는 통계가 있을 만큼 부의 세습은 생각보다 훨씬 어려운 일이다.

부자학연구회가 펴낸 이 책은 이 같은 현실을 염두에 두고 건강한 부자들이 자녀를 어떻게 가르쳐야 자립할 수 있는지, 또 어떻게 해야 공부에만 매달리지 않고 경제의 개념을 정확하게 이해하고 깨달아 부자로 살아갈 수 있는지, 그리고 나아가 부모가 물려주게 될 부를 어떻게 해야 잘 관리할 수 있는지, 그 방법론을 모색해 본 것이다.

이 책의 필자들은 부모가 가르쳐야할 '자녀를 부자로 가르치는 부자 교육방법'을 다양하게 접근하며 소개하고 있다.

먼저 건강한 부자의 개념에서부터 부富에 대한 철학, 경제와 필요자금의 개념, 자녀들의 용돈 관리로부터 저축 절약 지출 습관, 재테크와 재무관리의 개념, 미국과 일본 등 선진국 부자들의 자녀 교육 사례, 건강한 부자의 싹을 어떻게 심고 키우고 수확해야 하는지를 다룬 부자교육철학의 구체적 방법론까지 자세히 소개하였다.

사실 부자가 되는 왕도는 없다.

어릴 적부터 경제 개념을 정확히 이해하고, 절약하고 정직하며, 인적 네트워크를 잘 구축하여 스스로 하고 싶은 일을 하도록 자녀를 가르치는 것이 최선의 방법이다.

그런 원칙 아래 여기 소개한 각 필진의 '건강한 부자 자녀

만드는 방법'을 하나씩 가르쳐 나간다면 여러분의 자녀도 언젠가는 진짜 건강하고 존경받는 부자가 될 수 있을 것이다.

　이 책을 통해 우리 자녀들이 열심히만 일하면 부자가 될 수 있다는 신념을 갖는데 조금이라도 도움이 된'다면 우리 필자들은 무한한 영광과 감사로 여길 수 있을 것이다.

2009년 정월

부자학연구회　집필진

Contents

2장
지출습관 · 용돈 · 필요자금의 개념

자녀 경제지수 체크리스트 · 55

3장
미국 · 일본의 부자교육 노하우

4장
저금리 시대의 부자 되는 자산관리요령

5장
내 자녀, 건강한 부자로 키우기

1장

부모 먼저 깨우쳐야 할
부자교육철학

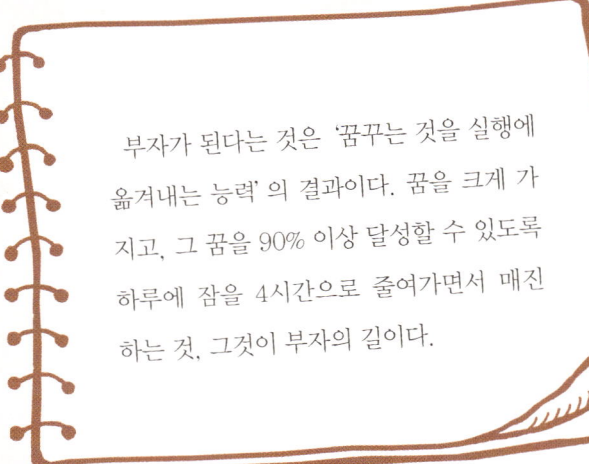

부자가 된다는 것은 '꿈꾸는 것을 실행에
옮겨내는 능력'의 결과이다. 꿈을 크게 가
지고, 그 꿈을 90% 이상 달성할 수 있도록
하루에 잠을 4시간으로 줄여가면서 매진
하는 것, 그것이 부자의 길이다.

1장
부모 먼저 깨우쳐야 할
부자교육철학

1. 목적이 있는 자녀교육

1) 자녀가 부자가 못 되는 것은 '나서는 부모 탓'

자녀는 선수, 부모는 코치

전세계의 부자들을 자세히 연구해보면 부자 되는 가장 좋은 방법은 **"자신이 스스로 알아서 하는 것"**이다. 전세계 부자들 중의 60~80%를 차지하는 자수성가형 부자(self-employed business people)는 자신이 알아서 목표를 세우고, 일의 대부분을 스스로 수행한 결과로 부자가 된 것이다. 미국 남부지역의 어떤 부자는 비록 대학은 못 갔지만, 어려서부터 햄버거 가게를 성공적으로 운영하여 부자가 되었다. 유럽에서 여행하다가 알려지지 않은 동굴을 발견하고는 그곳에다 특이하게 동굴여행코스를 만들어서 전세계의 많은 관광객을 유치한 결과 부자가 된 이도 있다. 그 역시 스스로 여행프로그램을 개발하여 부자가 되었다. 스스로 한다는 것이야말로 부자가 되는 가장 중요한 길이다.

우리나라의 부모들은 자녀의 인생을 자신의 인생인양 착각하는 경우가 너무나 많다. 죽도 제대로 먹지 못하고 자란 자신의 1960~1970년대의 인생을 탓하면서, "내가 수십 년 동안 노력해도 부자가 못되었는데 내 자식만은 부자로 꼭 만들어야 한다"며 자신보다 잘사는 사람들이 하는 것을 모두 흉내낸다. 한 시간에 수십만 원짜리 고액과외를 시켜서 자녀를 SKY대학에 입학시키겠다는 일념에 아버지는 야간근무를 더하고, 엄마는 슈퍼마켓에서 밤11시까지 계산대에서 일한다. 그러나 막상 자녀가 SKY대학에 입학 못 하면 모든 것을 자녀의 탓으로 돌린다. 그렇게 부모의 성화로 키워진 자녀들의 대부분은 부모처럼 아주 평범한 인생의 길로 들어서게 된다. 왜 자식들은 부자가 못될까?

자식들이 부자가 못되는 이유들 중의 가장 큰 것은 부모가 자신이 못한 것을 자녀에게 깊숙이 투영시키려는 부모의 욕심 때문이다. 자신의 IQ수준과 상관없이 자녀가 제대로 살면 얼마든지 부자가 될 수 있다. 자신의 학벌과 상관없이도 자녀는 얼마든지 부자의 길로 들어설 수 있다. 부모가 물려준 것 한 푼 없어도 자녀는 부자의 반열에 들어갈 수 있다. 자녀가 부자가 못 되는 것은 부모가 너무 나서기 때문이다.

부모의 세포를 물려받아서 출생한 내 자식이고, 부모의 지원으로 커온 내 자식이니까 내 마음대로 해도 된다고 생각하는 부모는 자신의 자녀를 부자로 만들 자격이 없다. 내 속으로 났다고 하더라도 자녀는 자신의 일생을 사는 것이다. 부모가 자녀를 부자로 만들고 싶으면 자녀가 원하는 것을 스스로 할 수 있게 하는 것이 중요하다. 부모는 부자 되는 선수가 아니다. 부모는 자신의 일생경험을 가지고서 자신이 애지중지하는 자녀의 부자 되는 선수생활을 도와주어야 할 코치에 불과하다.

"내가 해보니까, 공무원이 최고야. 다른 생각 말고 공무원 시험봐라"고 자녀에게 권했는데 막상 아들과 딸은 다른 길을 원한다. 중학교에 다니는 아들은 벤처사업가가 되고 싶다고 하고, 초등학교에 다니는 딸은 선생님이 되고 싶다고 한다. "아무 것도 없이 시작하여서 서울에 아파트 한 채 장만하고 먹고 살만해진 것도 다 공무원인 이 아버지의 노력 때문인데, 너희들이 무엇을 아느냐"던서 아들과 딸의 생각을 공무원으로 180도 바꾸려고 집에서 만날 때마다 강요하는 아버지는 자녀를 미래의 희망찬 부자로 만들 가능성이 별로 없다. 아버지의 인생은 벌써 지나간 레코드판이고, 자녀들의 인생은 앞으로 필 DMB이다.

부자가 된다는 것은 '꿈꾸는 것을 실행에 옮겨내는 능력'의 결과
이다. 꿈을 크게 가지고, 그 꿈을 90% 이상 달성할 수 있도록 하루
에 잠을 4시간으로 줄여가면서 매진하는 것, 그것이 부자의 길이다.
양친을 어려서 잃고는 외삼촌 댁의 쪽방에서 기거하면서 하루에 막
노동을 두 개씩 하고 야학에 나가서 글을 깨우치면서 100억 이상을
모은 김모 씨는 아무리 어려워도 자신의 부자 되는 꿈을 버린 적이
없다. 그는 새마을금고에 2만원을 입금시키고 나오면서 남이 볼새
라 통장을 두 손으로 꽉 움켜잡고는 내일은 2만5천원을 입금시켜야
겠다는 꿈에 저녁은 라면도 건너뛰고 수돗물만 연신 마셔대며 노력
한 끝에 결국 부자가 되었다.

마흔이 넘었으나 시집오겠다는 여성이 없어서 그냥 혼자 지내던
김 씨는 매일 들어가는 마을금고의 23살짜리 여직원의 호감을 샀다.
그 여직원은 행색이 허름한 40대의 아저씨가 매일 와서 적으면 몇
만 원에서 많을 때는 몇 십만 원씩 입금시키고는 단 한 번도 찾지 않
는 것에 감동하여 그와 결혼했다. 결혼하자마자 낳은 자녀가 유치원
을 들어갈 때 김 씨가 결심한 것은 "내 딸의 인생은 내 딸의 것이다.
나는 딸이 천억 대 이상의 부자가 되는 꿈만 꾸게 하고 그것을 달성
할 수 있게 도와주겠다."는 것이었다.

그 딸은 초등학교 때부터 엄마의 슈퍼에 나와서 일하고, 중학교와
고등학교 때에 과외나 학원을 다닌 적도 없고, 고등학교에선 중상위

권의 실력인데도 진학을 늦추고 20살에 엄마와 같이 새로운 슈퍼의 자리를 보러 다녔다. 그녀는 천억 원대의 부자가 될 수 있을 것이다. 아빠와 엄마의 코치덕분이다.

자녀의 인생은 자녀의 것이니 세세하게 관여할 필요가 없다. 자녀가 원하는 것을 찾으면 그것이 무엇이든지 자녀의 뜻대로 할 수 있게 도와주면서 자녀의 숨은 잠재력을 키워주는 것에 치중하자. 영향력이 있는 조직을 자녀가 움직일 수 있게 된다면 자녀가 어떠한 일을 하든지 자녀는 평생 부자로 살 수 있다. 주일학교를 열심히 다니던 아들이 신학을 하고 목사가 되겠다고 하면 그냥 허용하자. 단 큰 목사님이 되도록 영적으로 지원하자. 성도가 수천 명이 넘는 교회의 담임목사가 되면 자녀는 가진 재산과 상관없이 큰 부자로 생활할 수 있다.

부모가 강권하는 좋은 대학에 입학할 실력이 있는데도 불구하고 자녀가 소설가의 길을 택하겠다고 하면 허락하자. 문예창작학과가 있는 대학에 보내어 재미있는 이야기꾼이 되도록 생각하는 방식을 지원하여 주자. 일 년에 수십만 권 이상이 팔리는 소설을 매년 쓸 수 있다면 자녀는 국내 일류대학을 안 나와도 부자가 될 수 있다.

자녀의 인생은 자녀의 것이다.

자녀의 발전이 가문의 영광

이북에서 명문가문출신으로 해방 후 남하하여 온갖 고생하다가 간신히 다시 가문을 일으킨 당신이 여섯 명이나 되는 모든 동생들을 다 대학 공부시키고 좋은 일자리를 잡아주어 21세기형 명문가문의 반열에 올라섰더라도 언젠가는 세상을 떠나게 된다. 당신이 평안도의 명문가문의 후예로써 서울에 내려와 가문의 영예를 다시 불러일으켰고 남들이 부러워하는 가족구성원들과 수백억의 재산을 가지고 있어도 언젠가는 자녀들에게 물려주고는 부처님 혹은 하나님 혹은 하늘이 원하시는 때에는 모든 것을 놓고 떠나야 한다.

당신의 가문은 당신이 이어가는 것이 아니다. 당신의 가문은 당신의 자녀들이 이어가는 것이다. 당신이 자랑스러운 90점짜리 인생을 살았다는 것이 중요한 것이 아니라, 당신의 자녀도 부모를 이어받아서 90점짜리 인생을 미래에 살 수 있어야 한다는 것, 그것이 중요하다.

가문의 평판에 돈이 무슨 상관이랴 하지만, 실제로는 돈이 없으면 명문가문이 되기 힘들다. 돈의 액수가 큰 것이 중요한 것이 아니라, 어느 정도 남들이 부러워할 정도의 돈의 액수를 가진 가문이 명문가문의 기본조건을 채울 수 있다. 직장 나가는 남편에게 허름한 도시락을 싸주고, 일주일에 단 한 번인 토요일 저녁의 외식을 감자탕과 삼겹살로만 때우는 집안은 남들에게 명문가문이라고 자랑하기 힘들다. 벤츠 SLK가 아니더라도 그랜져는 타고 다녀야 남들의 눈길을 끌 수 있다.

"어. 박 씨가. 200만 원짜리 중고차를 3년 타더니 어떻게 그랜저를 살 수 있지? 출세했어.…"

동네에서의 남들의 이목을 끌면서 그리고 자랑거리를 조금씩 만들어가면서 자랑스러운 가문으로 만들어갈 수 있다. 돈이 다는 아니지만, 시장경제에 의한 자본주의를 헌법에 명시한 대한민국에서 돈이 없이 명문의 소리를 듣기는 힘들다.

당신의 수백억 원의 재산은 자녀들이 건강한 부자가 되려는 정신 상태와 습관을 지니지 않으면 2~3년이면 전부 연기처럼 사라진다. 빠르면 6개월에 물려받은 재산 모두를 거덜내고, 수십억의 빚더미에 올라 앉을 수도 있다. 당신 재산 중의 상당수를 고정화시키는 방식을 사용해도 결과는 비슷하다. 수백억의 재산으로 대형상가 건물을 가족공동명의로 사도 자녀들이 마음만 먹으면 바로 날아가 버린다. 손안의 물방울이 마르는 것보다 더 빠르게 돈은 날아간다.

훌륭한 부모는 자녀에게 돈을 물려주는 것이 아니라, 돈을 지킬 수 있는 기본적인 정신자세를 가꾸어주는 것이다. 뛰어난 부모는 자녀에게 부동산과 주식을 승계하는 것이 아니라, 자녀가 물려받은 재산을 10배 이상으로 키울 수 있는 숨은 전략을 굴려주어야 한다. 60~70년대의 거부였던 재벌들 중 대부분이 자녀에게 재산을 넘긴 후 재벌의 역사에서 사라졌다. 심지어 90년대의 재벌들 중 상당수가 21세기가 되기 전에 없어졌다.

돈의 활용이 문제가 아니며 돈의 보관이 문제가 아니다.

실제 돈에 대한 후계자의 생각이 99% 중요하다. 인생의 후계자는 내가 낳은 자녀이다. 사업의 후계자도 내가 키운 자녀이다. 가문의 후계자도 나의 자녀이다. 부모의 교육의 초점은 가문의 현재의 영광을 지속시킬 수 있는 창의적인 자녀의 교육에 있다. 자녀의 생각이 당신의 집을 지킨다. 자녀의 습관이 당신의 주식을 키운다. 자녀의 노력이 당신의 오피스텔을 불려나간다.

자녀를 부자로 만들고 싶으면 '자녀의 생각 속에 숨어 있는 부모'가 되어야 한다. 구태여 자녀의 눈앞에 매일 나서서 잔소리하지 않아도 자녀가 새로운 생각을 할 때마다 자녀 생각의 단초를 풀어주는 숨은 역할만 할 수 있으면 좋은 부모이다.

2. 원칙이 있는 자녀교육

1) 부모가 절대적으로 믿는 것을 제시하라

어린 자녀가 스스로 모든 가치관을 형성하는 것은 거의 불가능하다. 아니 불가능하다기보다는 바람직하지 않다. 쉽게 주위에서 좋은 가치관을 자녀가 습득할 수 있는데 구태여 다시 시행착오를 거치면서 자녀가 새로운 가치관을 만들고 활용하도록 하는 것은 바람직하지 않다. 유치원에 들어가기 전에 용돈을 받아 스스로 과자를 사먹을 때부터 자녀는 돈의 능력을 잠재의식 속에서 깨우치게 된다.

자녀는 같은 반 친구들이 부자생일파티를 한다고 고급 파티장을 빌려 화려한 장식 아래 파티를 하는 것을 보면서 자신과 비교되는 것에서 이미 부의 의미를 느끼게 된다. 이러한 자녀들에게 부가 가져다 줄 수 있는 긍정적인 효과를 하나씩 깨우쳐주는 것이 중요하다.

인류역사상 돈의 굴레를 완전히 벗어나서 생활을 한 사람은 거의 없다. 고대에서 현대까지 우리 생활에서 돈이 차지하는 역할은 아무리 적어도 수십 퍼센트이고 많으면 90퍼센트를 넘나드는 경우도 있다. 돈이 가져다주는 구매력과 돈이 제공하는 사회적 존재감과 돈으로 해결할 수 있는 난제 해결력을 보면서 사람들은 부의 길로 가고 싶다는 의식들을 느끼게 된다.

부모가 자신의 수십 년의 인생에서 깨우쳐 온 부에 대한 기본적인 생각을 몇 가지로 정리하여서 자녀들에게 부모 나름대로의 부의 원칙들을 제시하는 것이 필요하다. 아빠는 올바른 부자가 될 수 있는 것이라면 무엇이든지 해도 좋다고 허용한다. 여기서 올바른 부자는 어떤 사람이냐는 것을 두고 장기간 부모와 자녀가 명시적인 대화와 암묵적인 생각을 나눠야 한다. 친구가 핸드폰값 5만원을 못내어서 핸드폰을 사용할 수 없게 되었을 때에 내가 핸드폰값을 아무 조건 없이 대납해주는 것이 올바른 부자의 길인가? 아닌가?

부모가 구태여 모든 생각에 Yes와 No를 명시화할 필요는 없지만, 부모가 자녀에게 제공한 큰 틀 안에서 자녀가 스스로 생각하면서 그리고 친구들과 부딪쳐가면서 사고의 틀을 넓힐 수 있다면 그것은 부자 되는 좋은 교육이라고 볼 수 있다.

초등학생이 아르바이트를 하면서 부의 경험을 어릴 때부터 쌓는 것이 바람직한가? 이런 문제에 반드시 정답을 내릴 필요는 없다. 사회의 경험을 남보다 먼저 쌓고 싶다면 자녀는 비록 초등학생이지만 아르바이트를 할 수도 있을 것이다. "초등학생이 위험한데 어디에서 하나?"고 걱정한다면 위험을 감수할 필요없이 초등학생을 보살펴줄 수 있는 장소에서 하면 된다. 부모님의 가게나 가까운 친척의 비즈니스 장소 혹은 교회나 사찰의 친한 분의 사업장에서 할 수도 있다.

전세계에서 크게 성공한 부자들은 초등학생의 나이에 온갖 아르바이트를 하여서 돈을 자기의 손에 쥐어본 경험이 많다. 보통은 고등학교 때에야 한 번 해 볼까 하는데, 남들이 꿈도 못꿀 때 엄마가 초등학생인 딸을 이모가 하는 의류쇼핑몰 회사에 매일 데리고 가서 옷을 선별하게 한다면 그 딸은 나중에 부자의 길을 걸을 스 있을 것이다.

부모는 자녀가 현재 할 수 있는 것보다 2~3배 정도 어려운 것을 제시하는 것이 필요하다. 자녀를 보다 빠르게 그리고 보다 강한 부자로 만들고 싶으면 다섯 배 정도 어려운 것을 제시하자. 초등학생인 자녀에게는 귀가시간은 아무리 늦어도 여섯시이다. 중학생인 자녀에게는 귀가시간은 일곱시이다. 대한민국에서 부자가 가장 많이 거주하는 서울 강남구의 부자들 중의 많은 분들이 대학 다니는 자녀들에게 밤 10시면 무조건 통행금지라고 엄명을 내린다고 한다. 10시 넘어서 들어오는 경우에는 10분에 만원씩 벌금을 물리고, 11시가 넘으면 그 달의 용돈을 전혀 주지 않는 분도 있다.

화려한 불빛의 밤의 유혹을 견디기가 힘든 대학생 자녀들에게 밤 10시까지 반드시 귀가하라는 것은 실천하기 지극히 어렵다. 그러나 밤 10시에 들어와야 잠깐 이야기하고 씻고 그리고 TV를 보거나 잠을 청해야 그 다음날 하루를 상쾌하게 지낼 수 있다 이런 시간 관리에 매력을 느끼게 되면 자녀들은 부모의 엄명을 따르게 된다.

만약 부모의 엄명을 지키지 않으면 어떻게 하여야 하나? 자녀가 생각하기 힘들 정도로 벌을 주는 것이 필요하다. 자녀를 진정으로 사랑한다면 부모가 제시한 최소한의 기준을 지키지 않을 경우에 자녀로서 상상하기 힘든 벌을 주어야 자녀의 습관이 변해간다. 단 이러한 것을 너무 자주 사용하는 것은 금물이다. 또한 자녀에게 명시적으로 제안한 것이 아닌 경우에는 자녀가 납득하는 경우에만 벌을 주는 것이 필요하다.

2) 결과로 평가하라

인간에 대한 통제에는 결과지향형 통제(result-oriented control)와 과정지향형 통제(process-oriented control)가 있다. 결과지향형 통제란 주어진 목표를 달성하였는지의 여부를 가지고 통제하는 것이다. 과정지향형 통제란 결과와 별 상관없이(물론 결과도 체크하지만) 과정의 흐름과 현상에 기초하여서 통제하는 것이다. 자녀를 부자로 만들고 싶으면 결과지향형 통제를 하자.

왜 그럴까? 학교에서 주어진 방학숙제를 매일 같이 체크하여 얼마나 했는지를 보는 것이 필요하지만 그것은 학교 다닐 때의 일이다. 학교를 벗어나서 인생을 마무리할 때까지 인간에게 주어지는 것은 아무도 예측할 수 없다. 물론 주어진 틀 속에서 생활하는 경우인 회사를 다니거나 공무원을 하는 경우에는 과정을 체크할 수 있다.

그러나 불행하게도 남의 회사를 다니거나 공무원을 하면서 부자가 될 수 없다. 회사를 열심히 다니면 회사의 오너인 대주주는 부자가 될 수 있어도 회사에 다니는 직원은 부자가 되기 거의 힘들다. 공무원을 하면 국가가 부자국가가 될 수는 있어도 공무원 개개인이 부자가 되기는 힘들다. 남의 일을 해서는 자신은 부자가 못된다. 자녀들을 부자로 만들고 싶으면 자녀에게 평생 동안 남의 일을 하지 말고, 가능하다면 네가 하고 싶은 일을 하라고 가르치는 것이 중요하다. 자녀가 자기가 원한 일을 하여야 미래의 부자가 될 수 있다.

부모의 입장에서 중요한 것은 자녀가 미래에 부자가 되느냐 아니냐하는 것이다. 40대 중반인 최 씨는 남편과 평생 도은 재산이 15억인데(5억짜리 아파트와, 7억짜리 상가와, 주식 2억 원과, 현금 1억원) 이제 16살인 내 아들이 20년 후에 천억 원을 가진 부자가 되었으면 좋겠다고 원한다. 중학교 3학년인 아들이 자신이 미래에 하고 싶은 일을 정하고(예: 수소연료 개발회사 대표) 지금부터 과학을 열심히 공부하고 고등학교 때도 그렇게 해서 2년제 자동차공학과의 대학에 진학하고는 졸업하여 수소연료 개발회사를 차려서 10여 년을 고생한다면 가능성이 있다. 물론 그 사이에 군대도 다녀오고, 결혼도 하면서 남들이 못한 새로운 수소연료를 개발하여 자동차용 수소장비뿐만 아니라 가정용 수소장비도 만들어낸다면 지금 믿는 대로 부자가 될 수 있을 것이다.

여기서 부모가 매번 자녀의 수소연료벤처의 꿈에 간섭하는 것(과정통제)은 바람직하지 않다. 이유는 간단하다. 첫 번째 이유는 부모가 바라는 것은 자녀가 부자가 되는 것이지, 자녀가 무엇을 하는가는 크게 중요하지 않다. 자녀가 중학교 3학년 수업시간에 배운 수소의 잠재력을 깨닫고 스스로 수소연료 개발업을 선정하였다는 그것이 중요하다. 그리고 자녀는 자신이 정한 것을 한다는 것이 중요할 뿐이다. 두 번째 이유는 자녀가 스스로 정한 수소연료에 대하여서 부모가 특별한 지식을 가지기가 힘들다. 아니 불가능할 것이다. 부모가 모르는데 나서는 것은 자녀를 망치는 것이다.

자녀가 부모와의 상의를 통해 스스로 정한 것을 크게 밀고 나갈 수 있게 하는 것이 부모의 좋은 교육방식이다. 자녀가 수소연료를 과연 개발할 수 있는지의 결과로 판정하는 것이 필요하다. 부자 되는 자녀교육의 자녀평가방법은 결과에 의한 통제이다.

많은 분들이 결과에 의한 통제라는 것을 망각하고 자녀가 잘 해나가는 것도 사사건건 간섭하면 삼천포로 빠지는 수가 있다. 단 중요한 것이 하나 있다. 이때 자녀가 상상하기에 상당히 힘든 결과를 목표로 해놓는 것이 중요하다. 인류역사상 커다란 목표를 다 달성한 사람은 거의 없다. 세계 제패를 꿈꾸었던 알렉산더대왕과 진시황도 목표의 일부만 이루었을 뿐이다. 인류역사상 가장 강한 유일무이의 초강대국인 미국이 세계를 지배하지만 전부 통제한 것이 아니라 대부분의 통제를 하고 있을 뿐(러시아 거의 제외, 유럽과 중국도 상당히 제외)이다. 그러나 미국이 세계를 움직인다고 지구상의 70억이 훨씬 넘는 인구가 그렇게 믿고 있다. 미국의 대통령이 세계의 제왕이라는 사실은 현존하는 팩트fact이다.

부모의 그릇이 자녀의 성장에 절대적인 영향을 준다. 자녀가 부자가 되려는 큰 목표를 세울 때 자녀가 달성할 수 있는 결과드 아주 크게 그리자.

"나는 박태환 형을 넘어서서 20년 이내에 수영에서 올림픽 금메달 다섯 개를 따겠다."

진짜로 그렇게 노력하면 여러분의 자녀는 놀라운 결과를 얻게 된다.

"나는 대한민국에서 가장 유명한 교수가 되어 한 번에 강사료를 천만원씩 받겠다."

자녀가 그렇게 되려면 하루에 잠을 4시간씩 자고 주말을 완전히 학교도서관에서 공부하면서 한 20년을 보내어야 할 것이다. 대한민국에서 최고의 교수가 되겠다는 자녀에게 아시아에서 최고의 교수가 되라고 부모가 더욱 더 큰 꿈을 주자. 그러면 당신의 자녀는 비록 아시아 최고와 한국의 최고를 달성하지 못하더라도 인천에서 최고의 교수가 될 수는 있을 것이다.

자녀가 소망하는 꿈의 결과를 명기하는 것이 중요하다. 부자가 되려다 못되었거나 혹은 조그만 부자가 된 부모의 꿈기 아니라, 무한대의 팽창을 쟁취할 수 있는 거대한 꿈의 제국을 만들 수 있도록 도와주자. 당신은 가슴이 너무나 뿌듯하게 기쁜 마음으로 마무리 준비를 할 수 있을 것이다.

자랑스러운 내 세포를 물려준 자녀를 이 땅에 둔 채로…

3) 정해진 것은 반드시 수행하라

부자는 원칙주의자이다. 자신이 정한 원칙을 꼭 지켜야 부자가 된다. 원칙이란 무엇인가? 내 딸은 한 달에 최소 2시간은 불쌍한 분들을 위하여서 몸으로 봉사하여야 한다. 이런 원칙은 왜 세울까? 세상은 불쌍한 분들의 눈물이 모여서 이루어졌고, 그들을 감동시키는 사람이 부자라야 하기 때문이다. 매월 딸이 2시간씩 고아들을 세수시키고, 다음 달에는 복지관에 가서 식당청소 2시간하고, 세 번째 달에는 장애인 재단에 가서 장애인들을 머리 감겨주고… 이렇게 정해둔 원칙은 일정기간은 반드시 지키도록 해야 한다. 자신이 스스로 정한 원칙을 무너뜨리기 시작하면 절대로 부자가 못된다.

자녀를 훌륭하게 키우려면 자녀와의 협의를 통해 정한 원칙을 부모와 자녀가 같이 지키도록 노력해야 한다. 하루에 TV는 두 시간 이내로만 보고, 반드시 한 시간은 독서를 한다. 그런데 자녀가 1시간 30분을 어린이 방송보고 자기 방에서 독서를 하는데 엄마와 아빠가 코미디 프로 보면서 즐거워한다면 자녀가 승복할까? 자녀의 마음에 비추어지는 부모의 모습이 자녀의 잠재력을 깨울 수도 있고, 아닐 수도 있다.

어느 여성 부동산 부자는 딸 하나 낳고나서 이혼했다. 조그마한 마당이 있는 집을 위자료로 받고 난 이후에 부동산업에 뛰어들었다.

서울근교의 온갖 부동산을 사고 파는 일을 십여 년 한 후에 제법 서울 중심부에 큰 빌딩 4개를 살 여유가 생겼다. 이 부동산 쿠자는 부동산을 살 때마다 고등학교 2학년인 딸을 꼭 데리고 다녔다. 대개는 사복을 입혀서 데리고 갔으나, 급할 때는 그냥 교복 입은 딸을 데리고 자신이 산 빌딩을 보러갔다. 딸에게 일일이 빌딩의 내부구조를 설명하면서, 피와 땀의 소산인 빌딩의 유리창에 먼지가 끼어 있으면 자신의 손수건을 꺼내어서 닦는 것을 보여주었다. 딸은 상수도관이 겨울에 파열될까 걱정한 엄마가 11월말마다 일일이 못 쓰는 옷을 자동차 한 가득 넣어가지고 가서는 상수도 계량기를 덮고 또 덮는 모습을 보면서 눈매가 매서워졌다.

그 딸은 고등학교를 졸업하고 대학에 진학한 이후에는 스스로 자청해서 엄마가 관리하는 모든 빌딩의 두 번째 관리인이 되었다. 잘생긴 남학생과의 데이트를 하던 중에도 빌딩이 염려되면 바로 달려가서는 문 잠그는 그런 여성이 되었다.

이것은 엄마와 딸의 무언의 약속이다. 그후 빌딩은 모두 딸의 손으로 넘어갔고, 그녀는 현재 천억이 넘는 부동산을 가진 주부가 되었다. 남편에게 빌딩의 소유권을 넘겨주겠다는 이야기를 하지 않고, 절대로 꿈도 꾸지 말라고 엄명하는 그런 주부이다. 혼자서 나를 키운 엄마의 땀의 빌딩들은 반드시 내가 다 키운다는 철의 여인이다. 한 달에 수억 원 이상씩 나오는 빌딩 임대료의 수십 분의 일인 월 천만 원을 집의 생활비로 내놓는 것 이외에는 모두 꼬박 저축하면서 상당수의 재산을 사회봉사에 쓰고 있다.

부자가 안 된 분들이 오해하는 가장 큰 사실은 "부자는 물려받아서 되었다"라는 말이다. 그러나 사실은 인류역사상 부모의 재산을 물려받아서 부자가 된 경우는 20%가 안 된다. 현재도 마찬가지이다. 전세계의 부자들 중에서 물려받아서 현재도 부자인 분은 20%가 훨씬 안 된다. 우리나라의 부자들도 마찬가지이다. 우리나라에서 현재 현찰 10억 원을 포함하여서 총재산이 50억 정도 되면 부자라고 하는데 그러한 부자의 숫자가 25만 명 정도 된다. 그런데 그들 중에서 물려받은 사람은 몇만 명이 안 되고, 대부분의 부자들은 자신이 스스로 만든 재산으로 부자가 되었다.

우리 주위에서 자주 은행에 들락날락하는 사람이 부자일 확률이 높다. 그러한 부자들은 남모르는 자신만의 재주가 있다. 그것은 자신이 스스로 세운 삶의 생활원칙을 그대로 준수한다는 것이다.

어떤 사람들은 세상없어도 새벽 5시면 일어난다. 밤에 아무리 늦게 들어와도 새벽 5시라고 자신이 스스로 정한 원칙을 그대로 지키는 사람들이다. 이런 사람들이 부자가 된다. 이불에 11시에 들어가면 새벽 5시에 일어난다.

그러나 토요일 저녁에 밤늦게 TV보다가 새벽 1시에 잠이 들어 새벽 6시에 일어나곤 하면, 몇 달 못가서 원칙이 무너진다. 결국은 새벽 7시에 일어나게 되고, 생활의 경쟁력을 잃어버린다.

새벽에 일찍 일어나고 밤에 늦게 잠자는 것은 자신과의 싸움에서 이기는 좋은 방법이다. 이불 속에서 꼼지락 거리는 것은 부자가 될 수 있는 시간들을 스스로 버리는 길이다. 잠은 4시간이면 충분하다. 3시간 자고도 100살에 가깝게 건강하게 사는 분도 있다.

어느 부자는 독실한 기독교인인데, 우리나라에서 새벽기도가 가장 유명한 대형교회의 안수집사이다. 예수를 믿고 얼마 안 되어서 물질의 축복을 받아서 수백억 대의 재산을 모으고 나서 나간 새벽기도를 10년 연속 단 하루도 빼지 않고 개근하였다. 아무도 그분이 10년 개근한지를 모른다. 단지 자신만 안다. 부인도 모른다. 독실한 집사이지만 사업상 만나는 분들과의 저녁회식이 늦어서 밤 12시가 넘어서 흔들거리며 들어오는 남편이 오늘은 편히 잠을 잤겠지 해도 그는 새벽에 일찍 나가 버렸다. 그냥 회사에 출근하였거니 생각하였는데, 덜깬 잠에도 교회에 갔다가 예배드리고 새벽사우나하고 해장국 먹고 회사로 달려간 것이다.

그분이 수백 억대의 재산가가 될 수 있는 것은 자신이 세운 새벽에 일찍 기상한다는 원칙을 10년 이상 지켰기 때문이다. 당신의 자녀를 진정으로 존경받는 부자로 만들고 싶다면 새벽에 끼워서 성경을 읽든지, 불경을 읽든지 아니면 참선을 하든지 당신이 세운 원칙을 지킨다는 사실을 자녀에게 보여주자. 부모가 흐트러지면 자녀도 완전히 흐트러진다.

3. 자녀교육의 주의점

1) 부모가 너무 깊이 들어가지 않도록 주의하라

애정이 넘치는 부모는 자녀가 만나는 친구도 일일이 관여한다. 초등학생인 자녀의 친구들을 모두 집에 불러서는 한 명씩 아빠의 직업이 무엇이냐고 꼬치꼬치 캐묻는 엄마는 문제가 있다.

세상에서 가장 비천하다고 손가락받는 분의 자녀가 아주 사회적으로 존경받는 훌륭한 사람이 된 경우가 많다. 마약밀수한 분의 자녀가 훌륭한 법관이 되었고, 남을 평생 때리는 직업에 있었던 분의 자녀가 대학의 도덕교수가 되었다가 책이 많이 팔려서 부자가 된 경우도 있다. 반대로 도덕적으로 아주 훌륭한 분의 자녀가 완전히 삐뚤어지는 경우도 있다. 대형교회의 유명 목사님의 아들이 주색잡기에 빠져서 어여쁜 여인네들의 치마 속에 갇혀 세상사람들보다 훨씬 더 나쁜 일을 지속한 경우도 있다. 아버지는 찬양 받는데, 아들은 지탄받는 상황이다.

부모가 자녀의 인생에 10% 이상 관여하면 자녀는 부모에게 내적 반감이 생긴다. 큰 틀의 원칙을 가르쳐주고 그 안에서 자녀가 정한 목표를 달성할 수 있게 묵묵히 지원하는 정도로 방관자형 코치가 되어야 자녀가 크게 성공한다. 하루에 자녀가 쓰는 시간 중의 10% 이하만 관여하자. 그것도 그냥 잠시의 논의와 중요한 것의 체크 정도이다. 일상생활은 그냥 하는 것이다. 부모의 생각을 너무 주입시키지 말자. 그냥 나의 생각은 이렇고, 네가 최종결정을 내리는 것이라고 자녀 결정권의 폭을 넓혀주어야 한다. 물론 자녀가 10살도 안 되는 어린 경우에는 무조건 맡긴다는 것이 문제가 될 수 있으니 좀 더 참견해도 될 것이다.

그러나 중요한 것은 자녀가 스스로 생각하는 범위 내에 엄마가 너무 들락날락하지 말라는 것이다. 많은 부잣집의 자녀들은 용돈기입장을 쓴다. "너도 쓰는 것이 어떠냐?" 엄마의 말이니까 한두 번은 쓰다가도 힘드니까 안 쓴다. 그런 자녀를 관찰하다가, 자녀가 엄마에게 용돈을 올려달라고 나오면 학교에서 부잣집의 친구들이 집에서 얼마씩 용돈을 받는지를 물어보라고 해 보자. 의외로 우리 집에서 받는 것보다 더 적게 받는 친구도 있을 것이다. 그것을 알고 나면 귀하의 자녀들은 새로운 각오를 다질 수 있을 것이다. 부모가 내심 원하는 것을 자녀가 세상의 생활에서 스스로 찾을 수 있도록 하자.

우리나라의 부모들이 잘못하는 교육 중의 하나가 "자녀는 내가 낳았으므로 자녀의 배우자도 내가 선정해야 한다. 따라서 이성 친구는 부모가 전부 사전에 관리해야 한다"라는 생각이다. 존경받지 못하는 부자들을 만나보면 자신의 자녀의 배우자를 자기 마음에 꼭 드는 사람으로 골랐다고 자랑하는 경우가 많은데, 나중에 보면 그렇게 결혼한 자녀들의 대부분이 실질적인 별거를 하는 경우가 많다. 부잣집에서 이혼한 사람이 있다는 소문을 내는 것을 아주 혐오하므로 이

혼은 하지 않고 있어도 배우자와 떨어져 사실상의 별거를 하는 경우가 많다. 이 씨앗은 부모가 뿌린 것이다.

부모가 아무리 많은 재산을 모으더라도, 자신의 당대에 범한 죄의 값을 꼭 치러야 한다. 어떠한 종교의 가르침이나, 종교를 떠나서 자연 세상의 이치도 그렇다. 죄는 값을 치러야 한다. 자신의 죄값이 그냥 없어지는 경우는 없다. 자신이 치르거나, 자신의 주위에서 치르거나, 후손이 치러야 한다. 부모가 사회적으로 바람직하지 않은 방식으로 부자가 되고, 그러한 부를 영위하기 위하여 자신의 자녀를 자신의 뜻대로 관리하게 되면 그 죄값을 자녀가 치르게 된다.

부모가 자녀의 생활에 너무 깊이 들어간다는 것은 부모의 이기심을 자녀에게 너무 깊이 집어넣는 것이다. 나의 이기심의 충족이 아니라, 자녀에 대한 이타심의 확산이 많아야 진정한 부모가 된다. '좋은 부' 란 스스로 획득하는 것이다. 타인들의 사랑을 받으면 부자가 된다. 수많은 사람들이 듣고 싶은 노래를 부르면 부자 가수가 된다. 수많은 사람들이 먹고 싶은 아이스크림을 팔면 부자 상인이 된다. 수많은 사람들이 타고 싶어 하는 자동차를 만들면 부자 기업인이 된다. 부자가 된다는 것은 타인의 사랑을 받은 결과일 뿐이다. 자신의 자녀에게서도 사랑을 받지 못하면 당신은 진정한 부자가 될 수 없다. 당신의 자녀도 마찬가지다.

자녀에게서 1m만 떨어져 계시라.

2) 금전적인 영향을 너무 많이 주지 말라

초등학생이나 중학생인 자녀들은 일주일에 몇 천원이나 많아야 몇 만원이면 충분하다. 그런데 내 아이를 남들과 다르게 키우겠다고 어린 자녀에게 10만 원짜리 수표 서너 장을 매주 주는 것은 자녀를 망칠 수 있다. 바람직한 부모는 자신의 재산이 얼마가 되든 자녀가 필요로 한 것보다 약간 적은 금액을 준다. 유럽의 부자들이 공통적으로 실행하는 것이 이와 같은 소액용돈을 사랑하는 자녀에게 주는 것이다. 자녀가 대여섯 살을 넘어가면 유럽의 부자들이 자신의 기업체에 근무하는 부하직원에게 물어본다.

"자네는 어린 자녀에게 얼마의 용돈을 주는가?"

중하층의 부하직원이 준다는 것보다 더 적게 자신의 자녀에게 용돈을 준다. 어린 자녀는 그것이 정당한 것으로 알고 그냥 살아간다.

우리나라의 바람직하지 않은 부자부모들이 가끔 자녀가 요구하는 것보다 두세 배의 용돈을 더 준다. 그렇게 주면 자녀가 어릴 적부터 벌써 다른 길로 빠져들게 하기 쉽다. 중학생 자녀가 성인영화에 탐닉하는 것은 많은 돈을 가지고 있기 때문이다. 초등학생 자녀가 14만 원짜리 고무지우개를 살 수 있는 것도 엄마의 무분별한 경제적인 지원 때문이다. 절대 바람직하지 않다. 재산은 바람보다 훨씬 더 강한 휘발성이 있어서, 낭비를 시작하면 바로 끝이다. 엄마가 그렇게 자녀를 키워놓고 우리 애가 문제라는 것은 누워서 침뱉기보다 더한 것이다.

자녀를 사랑하면 금전적인 직접 제공보다는 금전의 의미를 깨닫게 하는 것이 중요하다.

서울 부잣집 동네에 사는 여든이 넘은 할아버지는 이북에서 내려와 할머니와 두 분이서 두부공장과 버스회사를 하여 500억 이상의 재산을 모았으나 평생을 검소하게 사셨다. 물론 400평이 넘는 본채와 120평짜리 별채에, 대지가 1200평인 집을 가지고 있지만, 평소에는 본인이 운전도 하고 직접 잔디도 깎는다. 그러나 여든이 넘어서 허리가 별로 좋지 않자, 정원사를 부르는데 일주일에 한 번 씩 와서 일년 내내 정원을 가꾸겠으니 일년에 일억 원을 달라는 요구에 한참을 망설였다. 물론 자신이 일군 회사의 사장인 아들에게 이야기하면 회사 돈으로 정원사의 연봉을 줄 수는 있으나 자신의 평생 경험에 비추어보면 심한 낭비라고 판단되었다. "일주일에 200만원이라… 일주일에 20만원이면 할만 할 터인데…" 망설이던 할아버지는 고정 정원사를 쓰지 않고 가끔 와서 약 뿌리고 반나절 일하면 70만원 정도 주는 정원사를 불렀다.

어느 날 큰 아들의 아들과 작은 아들의 아들 두 명이 할아버지께 문안인사를 하러 왔다. 할아버지는 중학생과 초등학생인 큰 손자와 작은 손자에게 돈의 의미를 가르쳐주는 것이 올바른 교육이라고 판단하였다.

"너희들 할아버지의 정원을 한달에 한 번만 와서 주말에 한 네 시간씩 둘이서 가꾸어라. 필요한 모든 장비와 약은 내가 제공하마. 그대신 용돈으로 한 달에 10만원과 8만원을 주겠다."

손자들은 "네. 알았습니다."하고 돌아갔으나, 큰 며느리와 작은 며느리는 뾰루퉁한다는 신호가 들려왔다. 할아버지는 내 재산을 제대로 지키려면 이번 기회에 확실하게 길을 들여야겠다고 생각하고는 손자 둘을 그 달부터 한 달에 한 번 씩 정원 가꾸기를 시켰다. 할아버지의 엄명에 손자 둘은 열심히 따랐다. 일 년이 지나고, 이 년이 지나도 할아버지는 한 번도 용돈을 올려주지 않았다. 그 손자들이 고등학교를 졸업할 때까지 동일한 액수를 주었다. 아무런 불평을 직접 하지 않는 큰 손자와 작은 손자를 보면서 할아버지는 "제대로 키웠구나. 정말 감사하다"라는 생각에 평소 다니는 절에 수억 원을 아주 기쁜 마음으로 기부하였다. 부처님의 보살핌에 손자들이 제대로 교육을 받고 있다는 아주 좋은 마음에…

자수성가하여서 돈의 의미를 아는 부자는 자신의 재산에 자녀들이 "이거 나중에 내 것이다"라는 생각을 절대로 못 하게 한다.

서울 평창동에 사는 박 사장은 집에 외제차 두 다를 포함, 자동차가 다섯 대이다. 가장 좋은 2억 원짜리 차는 본인이 직접 모는데 한 달에 한 번 정도만 끌고 나간다. 자신 혼자서만 탄다. 어느 날 어린 자녀들이 그 차를 타고 외식하러 가자고 해서 "좋다. 오늘은 그 차를 타고 간다."고 하고는 차고 속에 박혀 있던 차를 차고에서 도로로 끌어내었다. 중학생인 큰 아들이 아빠의 옆자리에 타서는 안전벨트를 매면서 "아빠. 이 차 나중에 내 거지?"라고 하였다. 그러자 뒷문을 열고 들어가던 초등학생인 둘째 아들이 "아빠. 형은 이 집도 물려받고, 아빠 차도 물려받는 거야?"라는 말을 하였다.

　그 때 사람 좋기로 소문난 박 사장의 입에서 나온 말은 매몰찼다. "이 차는 아빠 거다. 너희들 차는 너희들이 돈 벌어서 사라. 이 집도 내 것이다. 너희들 집은 너희가 벌어서 사라."

　박 사장은 어리둥절한 표정의 두 아들에게 평생 처음으로 내뱉은 얼음보다 더 찬 말에 아이들이 큰 상처를 받았을까 걱정하며 한 달 내내 술잔을 기울였다. 하지만 사실 박 사장은 제대로 교육을 한 것이다. 이 집은 아빠 집이고, 이 차도 아빠 차다. 너희 것은 없다.

4. 자녀교육의 실행방식

1) 자녀를 애인처럼 대하라

아빠에게 딸은 애인이고, 아들은 마누라와의 경쟁자이다. 사랑했던 아내의 처녀적 모습을 빼어 닮은 딸은 하늘이 준 젊은 애인이다. 딸과 팔장을 끼고 출근하는 것은 행복한 일이다. 아들이 점점 커 가면 그동안 다정했던 아내의 관심이 남편에게서 아들에게로 옮겨간다. 아들이 제대로 잘까. 아들이 제대로 생활하는가에 신경을 쓴다. 아들과 아빠는 경쟁자이다.

소유권(ownership)은 인간이 만든 가장 강한 파워인 동시에 가장 잔인한 현상이다. 개인의 소유권이 보장되면서 계산이라는 개념이 생겼고, 소유권을 증대시키기 위하여서 사람들이 불법과 반칙을 자행하고 있다. 한편으로 자신의 것이라는 소유권이 생기면서 신규 가치의 창조노력이 지속적으로 탄생하고 있다. 이것이 세상을 발전시키고 있다.

세상 부모들은 출생한 자녀에 대한 소유권을 부모가 가지고 있다고 생각한다. 물론 사람이니까 직접적인 소유권은 아니나, 부부의 세포들의 조합으로 탄생한 자녀들은 부모의 것이라는 잠재관념이 이 세상의 어느 부모에게나 있다. 물론 그 강도가 아주 약할 수도 있고, 아주 강할 수도 있을 뿐이다.

　그러나 재산에 대한 소유권과 가족에 대한 소유권을 착각하면 안된다. 나의 재산은 나의 이름으로 되어 있으나, 나의 자녀는 나의 이름이 아니라, 자녀의 이름이다. 물론 아주 가끔은 아버지의 이름과 성과 동일한 아들도 있다. 그러나 70억 이상 인구의 99%는 아버지의 성을 따랐을 뿐이고, 이름은 다르다. 다시 말하면, 재산은 자기의 것이나, 자녀는 자기의 것이 아니다.

　재산에 집착을 가지는 목적들 중에서 가장 큰 것 중의 하나가 '내 자녀에게 보다 충분한 경제적인 여유를 만들어주려는 것'이다. 부동산 투기를 통해 편법으로 획득한 토지를 아들에게 넘기고, 상속세를 절세라는 미명하에 대폭 줄여 회사를 딸에게 넘기는 것이 다 자녀가 자기의 것이라는 생각 때문에 나오는 것이다.

　나는 나고, 자녀는 자녀다. 나는 개인이고, 자녀도 개인이다. 나의 재산과 자녀의 재산은 완전히 분리되는 것이다. 단 내가 수많은 사람들 중에서 애정을 많이 가지는 개인이 나의 자녀일 뿐이다.

　부자 되는 자녀교육의 핵심은 자녀는 별개의 인격체인데, 내가 사랑스럽게 보살피는 대상일 뿐이라고 간주하는 것이 필요하다. 모든 쿠폰을 오려 모아서 산 이쁜 선물을 자녀에게 주는 것은 자신의 애정이 담긴 좋은 일이다. 그러나 회사의 자금을 빼내어서 자녀의 용돈으로 주는 것은 회사구성원의 가족에게 피눈물을 안기는 더러운 행위이다.

경제적인 자유를 가질 수 있는 것이 자연의 축복이라고 생각하고, 그 자유 안에서 자녀를 행복하게 키울 수 있는 것, 그 자체에 만족하면서 살아야한다. 자녀가 학교공부를 제대로 못 하면 자녀는 공부 외에 다른 특출한 재능이 있을 터인데 그것을 내가 찾아주면 좋겠구나 하고 애정을 가지고 보면 길이 보인다.

국내 최고의 양궁선수가 될 자질이 있는 자녀를 스학학원으로 내모는 것은 잘못된 부모의 생각이다. 엄청난 이야기꾼이 될 수 있는 말 잘하는 자녀에게 하기 싫은 영어단어를 외우라고 하는 것은 바람직하지 않은 부모의 판단이다.

2) 밥상머리 교육의 강점

부모가 자녀와 같이 시간을 보내는 방식이 공동 식사이다. 자녀가 커 갈수록 부모와의 식사 횟수가 줄어들지만, 가능하다면 외식이나 집안에서의 식사는 가족이 같이하는 것이 바람직하다. 식사를 하기 전에 항상 부모가 깨어있고, 발전한다는 것을 자녀에게 보여주는 것이 필요하다. 자녀와 가장 가까운 위치에 있는 인생의 리더로서 부모는 자녀의 사고의 폭과 깊이를 키울 수 있는 대화의 길을 모색해야 한다.

부모가 학력이 낮을수록, 자녀가 고학력이 되어갈수록 부모와 자녀와의 사고의 차이가 나게 된다. 부모가 자녀와의 대화를 리드할 수 있는 것은 두 가지 분야이다. 하나는 삶의 경험이 훨씬 많은 부모가 자신이 직접 겪은 일들 중에서 자녀에게 본을 보일 수 있는 것이다. 다른 하나는 부모가 신문에서 획득할 수 있는 새로운 정보이다. 많은 부모들이 첫 번째의 자신의 경험만을 자녀에게 가르치려고 든다. 여기에 잘못이 있다. 부모의 경험은 오래 걸렸지만 이야기하는 것은 금방 가능하다. 엄마가 12년 동안 가게해서 돈 벌어서 이 아파트를 샀다면, 가게할 때 고생한 것은 12년이지만 이야기하면 열 시간 정도면 끝이다. 그 다음에는 다시 듣는 TV 재방송일 뿐이다.

그러므로 부모가 신문에서 얻는 정보를 그때그때 요약해서 자녀에게 전달하는 것이 가장 좋은 방법이다.

밥상에 같이 앉기 최소 한 시간 전부터 그날 나온 신문들 중에서 적어도 세 개는 골라보자. 국내에서 가장 많이 보는 일간지들 중의 하나와 경제지들 중의 하나 그리고 문화나 스포츠, 오락과 관련된 신문들 중의 하나를 골라서 부모가 속독을 하자. 세 개의 신문을 30분 이내에 속독하고 중요한 것을 머리 속에 넣고는 나머지 30분 동안 내용을 곰곰히 생각하자. 적을 필요가 없다. 자꾸 적는 습관을 하면 자신의 암기력만 떨어진다. 세계 최고의 기억력 소유자들은 메모를 안 해서 저절로 되는 것이다. 당신도 그냥 머리 속에 넣고(혹시 못 외우면 그냥 잊어도 된다. 내일은 또 다른 소식들이 오므로) 그중에서 한 가지나 두 가지 만을 엄선하여 가장 중요한 것을 자녀들과의 공동 식사자리에서 언급하자.

"가치창조란 없는 것을 만드는 것인데, 요새 우리나라의 과학자들이 나노기술을 이용하여서 혈관수술을 쉽게 할 수 있는 방법을 개발했대. 세계 최초로 개발했다는데, 너희들도 세계 최초의 일들을 앞으로 찾아보아라."

부모가 자세하게 설명할 필요 없이 부모의 관점에서 그날 읽은 신문에서 우리 자녀들에게 가장 적합한 뉴스를 압축해주는 것보다 더 좋은 부자 되는 교육은 이 세상에 없다.

부자 집안으로 3대를 넘은 전세계의 거의 모든 집안들은 식사시간에 부자가 되는 노하우를 전수한다. 같이 음식을 놓고서 지내는 수십 분 아니 한 시간이 가장 중요한 정보를 전달하고, 수용하는 순간이다. 밥을 먹으면서 다른 일들을 하기는 힘들므로 다른 사람(그것도 신뢰하는 부모)의 이야기들을 듣고 명심하는 과정을 겪는 것이다.

국내에서 몇 번째로 비싼 호텔 중식당에서 일인당 한 끼에 40만원짜리 코스 요리를 먹으면서 이야기할 수도 있다. 한 가족이 둘러앉아서 김치 시키고, 사이다 시키고 국수 더 넣어달라고 하여도 5만원이면 되는 24시 감자탕집이면 어떤가. 한 가족이 100만원을 훨씬 넘는 식사를 하는데 우리는 한 가족이 5만원에 식사를 한다는 것에 불평하지 말라. 당신은 100만 원짜리 식사하는 부잣집이 못하는 무언가는 잘할 수 있다. 그들이 일 년에 성경을 한 번도 정독 못하는데, 당신은 세 번을 정독하여서 목사님에게 칭찬받는 재주가 있을

부모 먼저 까우쳐야 할 **부자교육철학**

수 있다. 부잣집의 고등학생 자녀는 영어점수가 낮은데, 당신의 자녀는 높은 영어점수를 받아서 TOEIC 최고점의 기록을 세울 수도 있다. 부잣집이 모든 면에서 당신의 집을 이기는 그런 경우는 이 세상에 존재하지 않는다.

그것은 자연의 순리에 어긋나고, 그것은 신의 가르침에서 벗어나고, 그것은 노벨상 수상자들의 생각과 다르다. 5만 원짜리 외식하는 집의 자녀가 최소한도로 어느 한 면에서는 100만 원 이상의 식사를 하는 부잣집의 자녀보다 더 훌륭하다는 것을 기억하자. 당신 스스로 신문으로 매일 훈련하면서 자녀의 잠재력을 키워주자.

3) 부자 되는 지식의 전수

세상을 보는 눈. 그것이 지식(knowledge)이다. 세상에는 부자가 되는 지식이 많이 흩어져 있다. 독점사업권을 획득하는 방법에는 스스로 개발하여서 사업권을 창조하는 방법과 타인의 사업권을 저렴하게 매입해 활용하는 방법이 있다. 어떠한 방법이든지 남들이 못하는 사업권 획득의 길을 알고 있는 사람은 부자가 된다. 부자 되는 지식은 바로 그것이다.

이 글을 읽는 독자가 한 달에 330만원의 소득을 올리는 대한민국의 적절한 중산층이라면 그냥 그것을 받아들이자. 그리고 내가 어떻게 우리 아이들에게 부자 되는 지식을 전달할 수 있는가를 궁리하자. 불행하게도 당신은 부자가 아닐 수 있다. 혹시 과거에도 부자가 아니었을 수도 있다. 그러나 당신이 일생 동안 살아오면서 한 번 이상 만난 적이 있는 사람은 아무리 적어도 수천 명이 된다. 그들 중에는 아무리 적어도 수십 명의 부자가 있다. 찾으면 된다.

수 년 동안 연락하지 않았던 당신의 초등학교 동창이 부자가 되었다고 하면, 하고 싶지는 않겠지만 안부전화를 서너 번 해서 만나고 싶다고 하라. 식사비는 내가 낼 터이니(나는 삼계탕이나 탕수육 정도로 사겠으니) 내 자녀들에게 당신이 어떻게 부를 이룰 수 있었는지를 이야기하여 주겠느냐고 부탁하라. 거절하면 그냥 잊으면 된다. 또 다른 부자를 찾으라. 당신의 처가쪽 먼 당숙이 전라도의 땅을 최근에 팔아서 부자가 되었다고 하면 연락하자. 또 거절당하면 당신이 근무하는 직장의 상사에게 소주 한 잔 사주고 부탁하자. 누군가는 있다.

당신의 자녀들을 데리고 가서는 아는 분의 이야기를 한 시간 아니 두 시간 정도만 듣게 하자. 당신의 자녀의 눈동자가 빛날 것이고, 새로운 경험에 당신의 자녀들은 속으로 환호할 것이다. 많이 할 필요는 없다. 학교 다니는데 시간도 안 날 것이다. 한 달에 한 번 정도, 아니면 계절에 한 번 정도씩 하여도 충분하다.

대부분의 부모님들에게 이런 방법을 권유하면 실행에 옮기지 않는다. 이유는 무엇일까? 이 방법이 나빠서일까? 아니다. 듣는 이들의 거의 대부분이 좋은 방법이라고 인정한다. 그런데 하지 않은 이유는 내 자식들에게 나보다 더 부자인 사람들의 이야기를 들려주다 보면 내 자녀들이 우리아빠는 왜 못되었나? 우리는 왜 부자가 아니냐는 항의를 할까봐서 그것이 두려운 것이다.

부자는 아무나 되는 것이 아니다. 자존심 구기는 일을 참아내어야 당신의 자녀가 부자가 된다. 상한 자존심은 일순간이나, 제대로 부자교육 안 해서 부자가 못 될 자녀의 인생은 수십 년이다.

4) 자녀 스스로 경험을 쌓게 하라

근로의 즐거움을 느껴야 인생이 풍부해진다. 우리는 돈을 벌기 위해서 일을 하는 것이 아니라, 즐거운 생활을 위하여 일을 하는 것이다. 새벽 3시에 서울 가락동 농수산물 시장으로 차를 몰고 가는 분은 콧노래를 부른다. 새벽공기를 마시면서 신선한 야채를 구입하여서 손님들에게 제공하는 것이 내가 이 땅에 사는 이유라고 정의를 내리고 밤 열한 시까지 시간가는 줄 모르고 일을 하면 부자가 된다.

당신의 자녀들에게 어렸을 때부터 일을 하게 기르라. 돈이 탐나서 일을 하는 것이 아니라, 새로운 부자경험을 쌓기 위하여 일을 하는 것이라고 가르치라.

　이 세상의 모든 일은 일의 대가로 돈을 받는다. 내가 어떠한 일을 하였더니 얼마를 벌었다는 개념을 확실하게 자녀가 인정받을 수 있을 만큼 경험을 쌓게 하는 것이 중요하다. 아빠가 주식을 직접 투자하여 돈을 벌고 있다면 자녀와 HTS를 같이 보면서 투자요령을 가르쳐주자. 자녀의 손을 잡고 증권회사의 지점도 찾아가서 직원들과의 대화도 듣게 하자.

　30대 후반의 엄마가 초등학생 영어과외를 할 때는 중학생인 자녀가 엄마의 일을 돕게 하자. 엄마가 스스로 만든 영어교재를 중학생인 자녀가 혼자서 읽어보게 하자. 읽기만 하였는데 이해가 안 되는 부분이 있으면 엄마와 허심탄회하게 논의할 수 있게 하자.

　할아버지가 부동산중개업소를 직원 4명 데리고 하면 자녀를 사무실로 데리고 가자. 손님과 직원들과의 대화를 듣게 하면서 부동산의 시세를 자녀가 느끼게 하자. 우리 집이 얼마이고, 내 방의 현재의 값이 얼마인지를 자녀가 스스로 느끼게 하면 큰 소득이 된다.

　아빠와 자동차를 같이 타고 가다가 맥도날드의 드라이브인에서 차에서 내리지 않고 햄버거를 사는 광경을 보여주면서 자녀에게 지금 우리에게 햄버거 주는 사람은 한 시간에 얼마를 받을까 자녀에게 물어보자. 자녀는 자신의 용돈의 범위 내에서 시간당 임금을 이야기할 것이다. 왜? 자녀는 자신의 용돈이 이 세상의 전부의 돈으로 알고 있기 때문이다.

세상의 모든 것이 공부의 대상이다. 부자 되는 자녀교육은 자녀와 당신이 살아가는 모든 과정 중에서 '새로운 가치를 만들어가는 현장'에 있다. 그것은 당신이 현재 부자이든, 아니든 상관없다. 당신의 자녀에게 부자의 시각을 어렸을 때부터 가질 수 있는 배려를 하는 것이 부모로서의 최선의 의무이다.

지출습관·용돈·
필요자금의 개념

저축이나 소비 그리고 봉사와 기부는 철저하게 몸에 밴 습관에 의해서 좌우된다. 존경받는 부자들은 좋은 습관이 철저하게 몸에 밴 사람들이다. 그들은 체험적으로 알았건 부모로부터 교육을 받았건 그들의 멘토인 선배부자들로부터 배웠건 좋은 습관을 실천하여 오늘날 존경받는 부자가 된 것이다.

2장
지출습관·용돈·필요자금의 개념

✔ 자녀 경제지수 체크리스트

내 자녀의 경제에 대한 지수는 얼마나 될까? 아래 표에 답을 달아보자.

1) 매일, 매주, 매월 정기적으로 용돈을 받는다.(예 아니오)
2) 용돈 기입장을 쓴다.(예 아니오)
3) 예금과 적금의 의미를 안다.(예 아니오)
4) 금리가 무엇인지 안다.(예 아니오)
5) 주식과 채권의 개념을 이해한다.(예 아니오)
6) 은행이나 증권회사에 본인이 만든 통장이 있다.(예 아니오)

7) 은행의 수시 입출금 통장과 증권회사의 CMA 통장의 이자의 차이를 안다.(예 아니오)

8) 내 자녀는 인터넷 뱅킹을 이용한다.(예 아니오)

9) 적립식펀드의 내용을 이해하고 적립식펀드에 투자한다.(예 아니오)

10) 저축과 투자의 개념을 이해한다.(예 아니오)

11) 단리와 복리의 차이를 이해한다.(예 아니오)

12) 본인이 하고 싶은 것을 하기 위해 저축을 해 본 적이 있다.
(예 아니오)

13) 신용카드를 사용하는 것이 외상구매라는 것을 안다.(예 아니오)

14) 신용카드의 대금을 제 때에 못 갚고 연체하면 높은 연체이자를 내야 한다는 것을 안다.(예 아니오)

15) 은행 등 남에게 돈을 빌릴 때는 이자를 내야 한다는 것을 안다.(예 아니오)

16) 전화요금이나 신용카드 대금이나 은행의 대출금 등을 정해진 기한 내에 못 갚으면 신용불량자가 된다는 것을 안다.(예 아니오)

17) 신용불량자가 되면 사회생활이나 금융회사 이용에 많은 제약이 따른다는 것을 안다.(예 아니오)

18) 자신이나 가족들을 위해 지출하는 비용이 부모의 값진 노력의 결과물인지를 안다.(예 아니오)

19) 지금 열심히 공부하는 것이 나중에 부모로부터 독립하여 본인이 훌륭하게 성장하고, 독립된 성인이 되기 위한 준비과정임을 안다.
(예 아니오)

20) 용돈의 일부를 어려운 이웃을 위해 기부하거나 어려운 이웃을 위해 봉사활동을 한다.(예 아니오)

- **점수 계산** : 항목당 '예' 5점

- **60점 이상** : 부모가 열심히 노력해서 가족을 위해 돈을 벌고, 사랑하는 가족들의 행복한 생활을 위해 벌어온 돈을 의미 있게 쓴다는 것을 이해하고 있다. 또한 본인들이 부모로부터 받는 용돈의 의미를 알고 잘 활용하고 있으며 성인이 되어 부모로부터 독립해 행복한 부자가 되는 기본기를 체득하고 있다. 신용의 중요성도 아울러 잘 이해하고 있으며 어려운 사람들에게 기부와 봉사를 통해 나눌 줄 아는 존경받는 부자가 될 가능성이 높다. 개념을 잘 이해하고 있으므로 부모의 지도 아래 사소한 것이라도 실천하게 하여 생활화할 수 있게 만들어 주는 것이 중요하다.

- **30점 이상 ~ 60점 미만** : 부모가 각 항목에 대해 의미와 내용을 잘 설명해 주면 금방 이해할 능력을 가지고 있다. 돈을 버는 것, 돈을 잘 쓰는 것, 돈을 현명하게 모으는 것, 모은 돈을 어려운 이웃과 나누는 법을 잘 이해시켜 주고 각 항목을 부모와 자녀가 같이 실천한다. 가족회의를 통해 의견을 나누고 부족한 부분을 잘 이해시켜 주는 것이 필요하다.

- **30점 이하** : 내 자녀도 잘 가르치면 부자가 될 수 있다. 자녀가 아직 경제나 금융 그리고 돈에 대한 개념이 약하므로 부모의 도움이 많이 필요하다. 항목마다 개념과 원리와 의미에 대해 한 주에 한 항목씩 차근차근 이해시켜야 한다. 실천해 볼 수 있는 것은 부모와 함께 실천하면서 그 과정을 가족회의를 통해 공유해 나가면 내 자녀도 금방 경제와 금융에 대해 눈을 뜰 수 있다.

1. 지출 습관 키워주기

1) 문제 부모가 문제 자녀를 키운다

요즘 아이들은 아주 이른 나이부터 경제생활을 시작한다. 과거와는 다르게 대개 1~2명의 자녀로 구성된 핵가족의 경우 자녀들은 할머니나 할아버지를 비롯해 주변의 가까운 친지들로부터 용돈을 자주, 많이 받는다. 돈이 뭔지도 잘 모르는 어린 나이부터 자신의 돈을 가지고 좋아하는 과자류를 산다든지 장난감을 사는 등 예전의 아이들과는 다르게 풍요로운 환경에서 소비에 대한 선택을 하면서 자라게 된다. 또한 유괴 등의 무서운 범죄 때문에 휴대폰이 필요치 않은 자녀들에게 안전의 이유로 휴대폰을 사주어야 되는 세상이 되었다.

무분별하게 발급되는 신용카드로 인해 학생인 자녀가 돈을 벌기도 전에 외상구매를 당연하게 생각하는 세상이 되었다. 자제력이 약할 수밖에 없는 자녀들에게 세상은 온통 돈이 없으면 살기 힘든 세상으로 보인다. 결국 본인의 욕구를 충족시키기 위해서는 돈이 무한정 필요하게 된다. 이 때 잘못된 선택을 하게 되면 두고두고 힘든 상황 속에 빠지게 되며 가족을 부양하는 성인이 되어서도 돈 때문에 고생을 하는 경우가 허다하다.

자녀가 어린 나이부터 알게 모르게 경제생활을 하게 되면서 이제는 자녀에게 올바른 경제 교육을 시키고 좋은 습관을 길러주어야 한

다. 수입과 지출, 저축과 투자 등 돈의 성질에 대해 제대로 이해하지
못하고 돈에 대한 잘못된 인식이나 그릇된 소비습관이 형성될 경우
성인이 되어서도 올바른 경제생활을 하기가 어렵다. 설상가상으로
사회에 나가기도 전에 신용불량자로 전락하는 경우, 한참 공부하고
자기 꿈을 실현시켜야 될 나이에 잘못된 지출 습관과 경제에 대한
몰이해 그리고 부모의 무관심 속에서 내 자녀가 돈 때문에 멍들 수
있다.

'세 살 때 버릇이 여든까지 간다'고 문제 부모가 문제 자녀를 키
우는 법이다. 이럴 경우 어릴 때부터 제대로 된 경제교육과 올바른
생활습관을 못 가르친 부모의 책임이 가장 크다.

내 자녀가 잘 되라고 온갖 사교육은 다 시키지만 정작 부모의 품
을 떠나 독립적으로 살아가야 할 나이에 가장 유용하게 활용할 수
있는 경제교육을 제대로 시키지 않는다면 결국 사랑하는 자녀를 장
차 돈 때문에 고민하게 만들 수 있다는 점을 부모가 먼저 인식해야
한다.

많은 경제 행위 중 자녀의 올바른 지출습관에 대해서 생각해 보
자. 부모의 지출습관이 자녀에게 가장 큰 영향을 미친다. 부모들의
소비에 대한 습관과 행동은 학습을 따로 안 시키더라도 자연스럽게
자녀에게 대물림 되는 경우가 많다. 그러므로 부모부터 지출에 대한
올바른 이해와 습관을 가지고 실천을 통해 자녀에게 모범을 보여야
한다. 실제 생활의 모범적인 사례를 가지고 사랑하는 자녀를 올바르

게 교육을 시켜야 장차 커서 돈에 대한 좋은 습관을 가지고 하고 싶은 공부나 일에서 성공할 수 있게 된다.

부모가 잘못 가르친 사례　내일 일은 내일 걱정하면 되지

올해 38세로 대기업에서 잘 나가는 김 과장은 요새 돈 때문에 고민이 많다. 몇 달 전에 새로 뽑은 자동차의 할부금과 가족들과의 여름 휴가를 다녀온 발리에서 쓴 휴가 비용 그리고 작년에 무리하게 구입한 아파트의 대출금 이자 등을 메우느라 정신이 없다. 게다가 두 자녀의 영어, 수학, 과학, 피아노, 발레, 태권도, 논술 등 각종 사교육비 용을 대느라 허리가 휠 지경이다. 그래도 남들보다는 능력도 있고 돈도 잘 버는 편이라고 생각하는데 저축은 고사하고 카드 4개를 돌려 막느라고 정신이 없을 지경이다. 카드 한도도 다 차고 이번 달에 결제할 500만원을 어떻게 감당하나 고민스럽다.

부모님한테는 어려울 때마다 손을 벌려 와서 또 부탁을 드리자니 면목이 없다. 고민 고민하다가 도대체 어디서부터 일이 이렇게 잘못 꼬였을까를 곰곰이 생각해 보니 문득 초등학교 6학년 때의 일이 떠올랐다.

19XX년 X월 X일

아침에 출근하는 아빠를 졸라 용돈 만원을 받았다. 아빠는 기분이 좋은 일이 있으셨는지 어디에 쓸지 물어보시지도 않고 기분 좋게 돈을 주신다. 오늘은 친구들과 방과 후에 게임장에 가기로 했다. 수업 시간이 끝나자마자 친구들과 신나게 오락장으로 향했다. 걸어가다 보니까 아이스크림 가게가 있다. 친구들과 아이스크림 하나씩 사서 들고 게임장에 들어갔다. 집에서 컴퓨터 게임을 하던 엄마의 잔소리 때문에 한창 재미가 오를 만하면 아쉽게 컴퓨터를 껐는데 여기 오니까 아무도 말리는 사람도 없고 최신형 게임기도 잔뜩 있다. 정신 없이 이 게임 저 게임 하다 보니까 1시간도 안돼 가지고 있던 돈을 다 썼다. 명식이는 아직 돈이 많이 남아 있는 것 같아 내일 주기로 하고 5백원을 빌려서 또 정신 없이 게임을 했다. 또 돈이 다 떨어졌다. 아쉽지만 이제 가야될 것 같다. 친구들과 오늘 한 게임 이야기를 하면서 집으로 돌아오는 길에 배가 고파졌다. 명식이에게 돈을 더 빌려서 빵과 콜라를 사 먹었다. 집에 와서 숙제를 하고 잠자리에 들었다. 그런데 어떻게 내일 명식이 돈을 갚나 걱정이 된다. 오늘 돈을 달라고 했는데 내일 또 달라고 하면 혼날 것 같다. 에이 어떻게 되겠지.

부모가 잘 가르친 사례　　어릴 때 부모가 주신 습관이라는 유산

38세 대기업의 잘 나가는 이 과장은 며칠 전부터 가슴이 설레기 시작했다. 이번 달만 불입하면 5년 전에 집을 사려고 대출을 받았던 돈을 다 갚게 된다. 게다가 신혼 초부터 와이프와 결혼 10주년에 유럽 배낭여행을 가기로 약속하고 매달 10만원씩 불입했던 적금도 다음 달이면 만기이다. 어제는 와이프와 아들 상석이와 유럽 배낭여행

에 관한 정보가 잘 나와 있는 책자를 놓고 구체적인 계획을 세워 보기도 했다. 아들도 난생 처음 하는 해외 가족 여행 때문에 완전히 흥분했다. 결혼한 지 10년 동안 열심히 살아온 덕분에 내 집도 장만했고 아들 교육자금과 두 부부의 은퇴자금도 많이 준비했다. 게다가 평소 가족들을 위해 요리를 하는 취미생활을 연장하여 본격적으로 조리사 자격증까지 취득했다. 설사 회사가 어려워져 명퇴나 구조조정이 있더라도 취미인 요리를 살려 멋진 레스토랑을 시작할 수도 있을 것 같다. 문득 이 모든 성공을 가능하게 만들어준 부모님 생각이 났다. 이번 주말에는 아버님이 좋아하는 횟감을 떠다가 가족끼리 파티를 열어야겠다.

19XX년 X월 X일

오늘은 초등학교에 입학하는 날이다. 엄마 손을 잡고 찾아간 학교는 왠지 낯설었다. 아직 초등학생이 되었다는 것이 실감이 나지 않는다. 저녁때 일찍 퇴근한 아빠가 초등학교에 입학했다고 중국집에 데려가 자장면 파티를 해 주셨다. 아빠도 대견한지 소주 한 잔을 하신다. 집에 돌아와 아빠와 엄마와 같이 생전 처음 하는 가족회의를 했다. 아빠는 "이제부터 너도 학생이 되었으니 매주 200원씩 용돈을 주겠다"고 하신다. 단 반드시 용돈기입장을 작성하라고 하셨다. 다 쓰더라도 매주 일요일에만 용돈을 주신다고 하셨다. 아빠는 돈을 어떻게 벌고 아빠가 번 돈이 가족들을 위해 어떻게 쓰이고 저축을 하는

지 그리고 미래에 원하는 가족들에게 어떠한 목적으로 돈이 필요한지 그 돈을 만들기 위해서는 어떻게 생활해야 하는지를 찬찬하게 설명해 주셨다. 잘 이해는 되지 않았지만 아빠가 가족들을 위해서 힘들게 일을 하신다는 것과 우리 가족이 매월 쓸 돈이 정해져 있다는 것 그리고 미래에 많은 것을 하기 위해서는 저축을 많이 하고 불필요한 지출을 하면 안 된다는 것을 막연하게나마 알 수 있을 것 같다. 엄마와 같이 내일 학교 갈 준비를 하고 잠자리에 들었다 오늘부터 용돈도 받고 갑자기 어른이 된 것 같다. 아빠의 말씀처럼 주신 용돈을 잘 아껴서 기어 달린 자전거를 내 힘으로 사야겠다.

2) 올바른 지출 습관과 나쁜 지출 습관 구분하기

어릴 때 습관이 평생을 좌우하게 되는 것은 돈에 대한 습관도 마찬가지이다. 지금 부모 세대는 대부분 돈에 대해 모르고 자랐다. 돈에 대해 교육을 하는 것이 그 시대에는 정서상 맞지 않았다. 자녀한테 돈은 가르칠 필요가 없는, 크면 당연히 알게 되는 영역이었다. 그렇게 성장한 지금의 부모 세대는 돈 때문에 많은 고통을 받고 있다. 스스로 체득하는 과정에서 많은 시행착오를 했다. 어릴 때부터 이러한 것을 체계적으로 가르쳐 주었다면 지금 훨씬 더 잘 살 수 있었을 텐데 하는 아쉬움도 크다. 그래서 최근에는 어린이 경제 서적이라든지 어린이 경제 교육 나아가 어린이 경제 캠프까지 어린이들로 넘쳐

난다. 부모들이 학습의 조기 교육도 중요하지만 경제에 대한 조기 교육도 필요하다는 것을 본인들의 경험을 통해 인식했기 때문이다. 그러나 아직도 돈에 대해 자녀들에게 어릴 때부터 가르쳐 주어야 한다는 생각을 터부시하는 부모들도 많다.

위의 사례의 김 과장과 이 과장의 현재의 모습을 보면 어릴 때 경제 교육이 얼마나 중요한지를 알 수가 있다. 김 과장은 어릴 때부터 욕망에 대한 통제를 못하고 돈의 소중함을 모르고 자랐다. 하고 싶은 것을 하고 돈을 빌리는 것도 당연하게 생각했다. 부모가 모든 것을 해결해 주겠지 하는 생각이 은연중에 형성된 것이다. 따라서 성인이 되어서도 빚을 지는 것을 어렵지 않게 생각하고 일단 쓰고 싶은 것은 쓰고 결제를 할 때 본인이 해결해 보다가 안 되면 부모의 도움으로 어려운 상황을 벗어나곤 했다. 즉 버는 돈의 범위 내에서 돈을 쓸 줄을 모르는 것이다. 심각한 상황을 알고 고치려 해도 어릴 때부터 오랫동안 배어 있는 나쁜 습관으로 인해 잘 안 고쳐진다. 확 바꾸기 위해서는 많은 고통이 따르게 되고 웬만한 의지가 없다면 고치기도 힘들다. 반면 이 과장은 어린 시절 잘 이해는 안 되었지만 초등학교 때부터 부모가 지속적으로 교육한 아빠가 버는 돈의 소중함과 용돈 교육을 통해 욕망을 통제하는 법 그리고 본인의 예산 한도 내에서 지출을 결정해야 한다는 습관이 체계적으로 형성되었다. 사회에 나와 집을 구입할 때도 가족들의 해외여행을 하기 위해서도 철저하게 계획하고 돈을 모아서 실행하는 습관을 가지게 되었다. 그러한 부모의 관심과 교육이 사랑하는 자녀가 성장해서 스스로의 힘만으로 사회생활을 해 나갈 때 반드시 영향을 끼치게 된다.

이제 돈은 사람들의 삶에서 뗄레야 뗄 수 없는 필수불가결한 사항이 되었다. 시중에 재테크 서적이 넘쳐나고 어린이 경제 관련한 각종 상품이 범람하는 것은 사랑하는 자녀가 훗날 본인처럼 시행착오를 하지 않고 건전하고 합리적으로 성장하여 돈의 지배를 받지 않고 돈을 합리적으로 지배하는 성인이 되기를 바라는 마음이 크기 때문일 것이다.

자녀의 올바른 지출 습관과 나쁜 지출 습관에는 어떤 것이 있는지 알아보자.

내 자녀의 올바른 지출 습관

① 부모님으로부터 매주 일정한 용돈을 받고 있습니다. 용돈의 사용처는 일단 저축을 하고 남는 돈으로 간단한 학용품을 사고 군것질을 합니다. 예쁜 자녀가 되기 위해 아빠와 엄마의 생신 때 조그마한 선물을 하는 센스도 있습니다.

② 매주 용돈을 받기 전에 부모님으로부터 지난 주의 지출 내역을 용돈 기입장에 적어 검사를 받고 새 주의 용돈을 받습니다.

③ 용돈이 부족한 경우에는 집안의 일을 도와 특별용돈을 받습니다. 이 때 당연히 내가 가족으로서 해야 할 일을 한 것에 대해서는 용돈을 받지 않습니다.(이불개기, 집안 청소, 엄마 심부름 등)

④ 부모님은 제가 가지고 싶은 것을 바로 사주지 않습니다. 만일 제가 자전거를 사고 싶다면 목표 기간을 정하고 제 용돈의 일부를 절약해서 만든 돈으로 사라고 하십니다. 용돈이 얼마 안 되기 때문에 50%를 제가 모으면 부모님이 나머지 50%를 보태 주십니다.

⑤ 학용품을 살 때는 할인점과 동네 문구점 그리고 인터넷 사이트를 둘러보고 싸면서도 품질이 좋은 상품을 고릅니다.

⑥ 매주 용돈을 현금으로 받지 않고 부모님이 만들어 주신 CMA 통장으로 용돈을 받습니다. 용돈의 1/3은 반드시 저축을 합니다.

⑦ 부모님은 통장 3개를 만들어 주셨습니다. 하나는 용돈을 받아서 수시로 입출금을 할 수 있는 통장, 하나는 특별한 날 사용할 수 있는 이벤트를 위한 통장, 하나는 제가 펀드 투자를 할 수 있는 통장입니다.

⑧ 매년 1만원씩은 어려운 이웃을 위해 기부를 합니다. 제가 용돈을 받는 조건에는 이 조건이 반드시 들어있습니다. 왜 하는지는 아직 잘 이해는 안 되지만 기부를 하고 나면 기분이 좋습니다.

⑨ 부모님 말고도 가끔 할아버지나 할머니 이모들과 친척들이 많은 용돈을 주십니다. 부모님은 이 돈이 많지만 제가 알아서 관리하라고 하십니다. 받으면 먼저 제 CMA 통장에 넣어 둡니다. 목돈이 되면 펀드에 투자합니다.

⑩ 오늘은 엄마의 생일입니다. 그동안 아빠와 저를 위해 많은 고생을

을 하신 엄마를 위해 생일선물용 통장에 모은 돈으로 엄마가 평소에 사고 싶어 했지만 망설였던 예쁜 샌들을 할인점에 가서 샀습니다. 엄마의 기뻐하는 모습, 상상만 해도 행복하네요.

내 자녀의 나쁜 지출 습관

① 부모님으로부터 매주 용돈을 받고 있습니다. 오늘은 지난 주 내내 사고 싶었던 로봇조립 장난감을 사야겠습니다. 사고 나면 돈이 하나도 없어서 걱정은 되지만 필요할 때 또 돈을 달라거나 부모님께 조르면 사주시니까 걱정 없습니다.

② 저는 용돈을 받더라도 용돈 기입장을 쓰지 않는데 내 친구 상현이는 용돈 기입장을 쓰지 않으면 용돈을 못 받는다고 열심히 쓰네요. 우리 아빠 최고.

③ 용돈이 부족한 경우에는 이불을 개는 조건이나 엄마 설거지를 도와주는 조건으로 돈을 받습니다. 이번 주에는 돈이 없어서 자주해야 될 것 같습니다.

④ 부모님은 제가 가지고 싶은 것을 제가 조르면 잘 사주십니다. 얼마 전에 닌텐도 게임기도 제가 1주일 동안 친구들이 다 가지고 있어서 나만 왕따가 된다고 징징거렸더니 아빠가 마지못해 사주시네요. 우리 부모는 제가 해 달라는 것은 모두 다 해주시는 최고의 부모님이세요.

⑤ 친구 상현이가 학용품을 산다면서 할인점도 가고 학교 앞 문구점에도 가는데 저는 도저히 이해를 못 하겠어요. 시간은 돈인데 가까운 곳에서 마음에 드는 것을 사면 되는데. 정말 이해가 안 돼요.

⑥ 아빠는 매주 용돈을 현금으로 주십니다. 저축을 하라고 해서 돼지 저금통에 동전 남은 것을 넣고 있습니다. 저축은 왜 해야 하는지 잘 모르겠습니다.

⑦ 저는 통장이 하나도 없습니다. 상현이는 자기 통장이 세 개라며 보여 주는데 무슨 애가 돈이 저렇게 많은 지 이해를 못하겠어요. 부모님은 애들이 돈을 너무 빨리 알면 안 좋다고 말씀하시는데. 무슨 애가 저렇게 돈을 밝히는지. 쯧쯧.

⑧ 가끔 TV를 보면 어려운 사람들이 나오네요. 보다보면 도와주고 싶은 마음에 ARS 기부전화를 누릅니다. 누르고 나면 기분이 아주 좋네요. 저도 좋은 일은 많이 하고 산다고요.

⑨ 저는 친척집에 가거나 이모나 외삼촌들이 오면 좋아요. 오시면 꼭 공부 잘하라고 용돈을 주시네요. 많으면 가끔 엄마가 써버리기도 하지만 대부분 제가 다 씁니다. 제 닌텐도 게임팩이 친구들 중에 제일 많아서 친구들이 부러워해요.

⑩ 오늘은 엄마의 생일입니다. 그런데 깜빡하고 돈을 다 써버려 막막하네요. 출근하시는 아빠에게 SOS를 쳐서 1만원을 받았습니다. 이걸로 엄마가 좋아하는 '치킨'이나 사드려야겠습니다. 이래 뵈도 저도 효자예요. 꼬박 꼬박 부모님 생신에는 선물을 한답니다.

3) 엄마의 행동이 자녀의 습관을 만든다

일반적으로 자녀들이 가족 중에 가장 많이 시간을 접하는 사람이 엄마이다. 따라서 자녀들의 습관에 지대한 영향을 끼치는 것도 엄마가 될 수 있다. 즉 엄마의 경제에 대한 생각과 습관을 은연중에 자녀들은 따라하게 된다. 따라서 사랑하는 자녀들을 위해 엄마가 경제 선생님으로서 해야 할 역할에 대해 알아보자.

• 엄마부터 가계부를 쓰는 습관을 기르자

자녀에게는 용돈 기입장을 쓰라고 하면서 엄마는 가계부를 쓰지 않는 경우가 많다. 아빠가 벌어오는 빡빡한 돈으로 매일 뻔한 지출을 기록하다보면 짜증도 나고 한 번 예상치 않게 큰 지출을 하고 나면 가계부가 크게 펑크가 나서 도저히 마이너스가 메워지지 않다보니 가계부를 쓰는 것이 영 재미가 없다. 게다가 요즘같이 물가가 자고나면 오르는 시기에는 가계부를 쓰는 것이 두렵기조차 하다.

그렇다고 엄마가 가계부를 쓰지 않으면서 자녀에게 용돈 기입장을 쓰라는 것은 자녀에게 주도권을 쥐고 있는 어른의 횡포로 비추어질 수 있다. 엄마도 가계부를 쓰다보면 불필요한 지출을 줄일 수가 있다. 막상 쓸 때는 얼마 안 쓴 것 같은데 한 달 누계를 내다보면 많이 쓴 항목을 발견하고 줄일 수가 있다. 가계부를 쓰는 습관이 한 달한 달 누적되다 보면 결국 엄마도 가정 경제를 효율적으로 꾸려 나갈 수가 있다. 자녀가 용돈 기입장을 쓸 때 엄마도 옆에 앉아 가계부를 쓴다면 자녀도 당연히 해야 하는 일로 알고 따라 하게 된다. 이렇게 엄마를 따라하는 과정에서 예산과 지출에 대한 이야기를 많이 할 수 있고 잘못된 지출에 대해 서로 고민을 나누고 방법을 찾는 살아 있는 현장 교육이 된다.

예를 들어 엄마가 백화점에 가서 충동구매를 해서 산 예쁜 옷 때문에 한 달 내내 고생을 하는 것을 아이가 옆에서 지켜볼 때, 계획 없이 충동적으로 구매를 하면 돈이 모자라 고생을 하게 되는구나 하는 생각을 저절로 가질 수 있다.

자녀에게도 좋은 교훈이 될 수 있다. 엄마가 아빠가 벌어온 돈으로 한 달의 예산을 세워 저축도 하고 투자도 하고 가족을 위해 필요한 물건도 구매를 하는 모습을 자연스럽게 보게 된다면 자녀도 자연스럽게 용돈을 받으면 각각의 목적에 대한 예산을 수립해서 지출해야 한다는 것을 알게 된다.

또한 아빠가 벌어오는 돈의 한정성과 소중함을 깨닫게 되어 불필요한 기호품이나 사치품을 사달라고 조르는 경우도 현저하게 줄어든다.

게다가 본인을 위해 부모가 쓰는 돈이 얼마나 많은 비용이고 소중한 것인가를 깨닫게 되면 그동안 부모에 의해서 억지 춘향식으로 다니던 학교나 학원 등의 교육에도 더욱 충실해질 수 있다.

자녀와 가계부를 같이 쓰면서 얻는 효과는 어떤 경제 교육보다도 현실적이고 이해도 쉽게 되면서도 실질적인 효과를 발휘할 수 있다.

• 쇼핑 목록을 미리 적어 가자

대형 마트들이 사방에 들어서면서 마트에 가보면 흔히 볼 수 있는 풍경이 가족이 카트 하나를 밀면서 온 매장을 돌아다니면서 살 것들을 카트에 가득 채우고 다니는 모습이다.

서로 경쟁이라도 하듯이 카트를 채우고 나중에 계산할 때 보면 대략 20~30만원은 훌쩍 넘어선다. 이러다 보니 자녀가 태어나면서 제일 먼저 배우는 것이 소비이다. 아이의 눈에는 원하는 것은 다 가질 수 있고 아빠의 신용카드는 무엇이든지 원하는 것은 다 만들어 낼 수 있는 것으로 보인다.

개인적으로는 대형 마트에 온 가족이 같이 가는 것을 반대하지만 생활의 패턴이 바뀌었으므로 어쩔 수 없다면 마트에 가기 전에 필요한 작업을 먼저 해야 한다.

일단 부모가 마트에 가서 무엇을 살지를 메모지에 적어본다. 그리고 자녀에게도 필요한 것을 적어보게 한다. 마트에 가는 길에 손에 쥘 수 있는 간단한 계산기를 가지고 가는 것도 현명한 방법이다.

요새는 포장에 따라 가격이 천차만별이고 제대로 계산해 보지 않으면 싸게 샀다고 고른 것이 더 비싼 경우도 많다. 마트에 가서는 메모지에 적힌 물건을 해당 판매대에 가서 고른 후 재빨리 계산을 하고 나오는 것이 상책이다. 머무는 시간이 많을수록 불필요한 물건을 살 확률이 높아진다. 부모가 이렇게 행동할 때 자녀도 합리적인 소비에 대해서 저절로 몸에 배게 된다.

경제 교육이 어려운 것이 아니라 사소해 보일지라도 평소의 생활에서 조금씩 이해시켜 주다보면 자녀도 큰 어려움 없이 좋은 습관을 가질 수 가 있다.

• 원하는 물건은 돈을 모아서 사는 습관을 기르자

살다보면 꼭 필요한 물건만 사면서 살 수 없다. 취미 생활을 위한 것이라든지 각종 원하는 것이 있게 마련이다. 이러한 물건을 사는 것도 부모의 모범이 필요하다.

예를 들어 부모의 즐거움이 주말에 영화관에 가서 영화를 보는 것보다도 집에서 자녀가 잠든 후에 부부가 맥주 한 캔씩을 놓고 편안하게 DVD를 보는 것이다. 그런데 얼마 전부터 TV가 영 마음에 들지 않는다. 사운드도 그렇고 화면 사이즈도 더 컸으면 좋겠다. 이번 주 휴일에 전자단지에 가서 TV를 새로 장만하기로 했다. 새로운 TV를 사기 위해 따로 모아 놓은 돈은 없다. 카드 12개월 할부로 해서 사기로 부부가 의견의 일치를 보았고 자녀도 옆에서 이 이야기를 들었다. 주말에 온 가족이 전자상가에 가서 사운드도 좋고 화면도 더 큰 TV를 골라 카드로 결제를 하고 샀다. 부부도 기뻤고 자녀도 신이 났다. 그 날 밤에 온 가족이 가족영화를 한 편 골라 분위기를 잡고 행복하게 영화를 보았다.

열흘 쯤 시간이 흘렀다. 자녀가 학교에 다녀와서는 영 시무룩하다. 이유를 물어보니 친구들은 다 요즘 유행하고 있는 닌텐도 게임기가 있는데 자기만 없어서 대화에서 따돌림을 당한다고 한다. 얼마냐고 물어보니 무려 15만원이라고 한다. 지금 돈이 없으니 생활비에서 남는 돈을 모아 사주겠다고 자녀에게 이야기했다. 자녀는 도저히 이해가 안 간다는 듯이 "아빠 카드로 사주면 되잖아요?" 하고 따진다. 지난 번 부모도 좋아하는 TV를 카드로 결제해서 사지 않았냐고 왜 부모는 사고 싶은 것을 다 사면서 자기는 안 사즈냐고 따지면서 단식투쟁에 들어갔다.

자녀는 부모의 행동을 말없이 옆에서 잘 지켜본다. 옛날처럼 가부장의 권위가 확실하던 시대에는 불만이 있어도 감히 무서워서 입 밖에 내지 못했다. 그런데 요즘의 자녀는 할 말을 다하고 산다. 이해하지 못하면 항의까지 한다. 만일 위의 사례의 부모가 자녀와 같이 TV에 대한 예산에 대해서 이야기를 나누고 이 돈을 준비하는 방법에 대해 의견을 나눈 후 매월 일정금액을 모아서 12개월 후에 TV를 샀다면 전혀 문제가 되지 않는 사례이다. 아마 가족의 힘을 합쳐 새로운 TV를 샀다면 성취감에 따른 기쁨은 더 컸을 것이고 그 TV는 가족의 보물로 취급되었을 것이다.

그런 모습을 자녀가 보았다면 감히 닌텐도 게임기를 아빠의 카드를 이용해서 사 달라는 이야기를 하지도 않았을 것이고 부모의 설명도 쉽게 받아들일 수 있었을 것이다. 게다가 게임기를 사는 시간을 단축시키기 위해서 본인의 용돈을 아껴 사는데 보탤 수도 있다.

필수품이 아닌 기호품이나 사치품을 살 때 부모로부터 이러한 만족지연에 대한 습관을 가지고 몸소 실천해야 한다. 돈을 모아 막상 그러한 물건을 사려고 할 때 그 물건이 필요 없어질 수도 있고 애써 모은 돈을 더 소중하게 사용하고 싶은 생각이 들 수도 있다.

신용카드가 없었던 부모의 부모님들은 당연히 그렇게 했다. 신용카드의 보급과 대량 소비의 시대에 살다 보니 이런 것도 노력해야 가질 수 있는 습관이 된 것이다. 하물며 사랑하는 자녀의 세대는 더 심하면 심했지 지금보다 덜 하지는 않을 것 같다.

• 엄마도 경제에 대해 공부하는 모습을 보여주자

자녀에게 올바른 경제 교육을 시키기 위해서는 엄마도 경제에 대한 공부를 해야 한다. 사회가 저금리 고령화 시대로 진전되면서 이제 투자를 생각하지 않을 수 없는 시기가 되었다.

옛날에는 은행의 금리가 높았기 때문에 원금도 손해 볼 수 있고 내용도 복잡한 투자 상품에 대해 굳이 알 필요가 없었다. 그런데 최근에 저금리가 고착화 되면서 은행의 예·적금으로는 물가상승에 따른 화폐가치의 하락 분을 보전 받을 수 없게 되었다. 다른 말로 하면 은행에 맡겨두면 원금에 이자를 합해도 원금의 가치가 줄어들 수 있다는 뜻이다.

따라서 합리적인 투자를 하지 않으면 안 되는 세상이 되었다. 그러기 위해서는 복잡한 투자형 상품에 대해서 공부도 해야 되고 또 직접 투자도 해야 된다. 그러기 위해서는 금융상품에 대한 공부가 필수적이다. 최근에는 백화점이나 마트 등의 문화센터에서 재테크 관련한 강좌들이 많이 개설되어 있다. 조금만 관심을 가지그 시간을 내면 공부할 기회는 많다.

사랑하는 자녀를 위해서도 이젠 이러한 공부가 필요하다. 부모보다도 자녀의 미래에는 돈이라는 문제는 점점 더 필수불가결한 요소가 된다. 돈을 모으는 것도 만만치 않은 세상이 된다. 어릴 때부터 저축과 투자의 개념을 확실히 알고 실천하는 자녀와 그렇지 않은 자녀의 차이는 클 것이다.

돈은 시간과 수익률의 싸움이다. 단지 어리다는 이유로 돼지저금통만 이용한 자녀와 은행을 이용해 본 자녀, 한 발 더 나아가서 펀드에 가입해 본 자녀의 차이는 사소해 보이지만 큰 차이가 날 수밖에 없다.

학교의 교육이나 각종 사교육이 자녀가 장차 사회에 진출할 때 남들보다 좋은 직업을 가지기 위해 필수적이라면 경지교육은 그러한 직업 활동을 통해 번 돈을 제대로 지키고 원하는 인생을 살기 위해 필요한 것들을 준비하는 방법을 가르쳐 주는 필수품이다.

자녀가 올바른 경제 습관을 가지기 위해서는 가장 많은 시간을 같이 하는 엄마의 생활 속 교육이 반드시 필요하다.

• 엄마의 봉사와 기부활동이 자녀를 존경받는 부자로 만든다

자녀에게 경제 교육을 시키면서 가장 우려 되는 것은 자칫 내 자녀가 돈이 최고라는 그릇된 인식을 가지지는 않을까이다. 또한 어릴 때부터 쓸데없이 돈만 밝히는 아이로 성장할까봐 걱정도 된다. 살면서 돈이 왜 필요한지, 돈의 용도가 무엇인지, 돈을 어떻게 사용하는 것이 잘 사용하는 것인지, 돈이 없으면 어떻게 살게 되는지에 대해 명확한 생각을 심어주어야 한다.

올바른 습관의 중심에서 빼놓을 수 없는 것이 봉사와 기부의 중요성이다. 사회에는 많은 사람들이 어려운 이웃들을 위해 기부와 봉사를 하는 경우가 많다. 김밥을 팔던 할머니가 평생 모은 돈을 대학에 장학금으로 기부하기도 하고 어떤 분은 새우젓을 팔아 모은 돈으로 아이들을 위해 학교에 책을 사주기도 한다. 경제 교육을 하면서 빼놓지 말아야 할 것이 이렇게 어려운 이웃과 나누는 따뜻한 마음과 봉사와 기부의 정신이다.

이러한 봉사와 기부의 마음이 자연발생적으로 자녀에게 생기기는 어렵다. 이럴 때 중요한 것이 엄마의 역할이다. 요새는 TV에 어렵고 소외된 이웃들의 이야기가 많이 나온다. 신문이나 잡지를 보다 보면 어려운 이웃을 돕는 훌륭한 사람들의 미담도 많다. 기부를 할 능력이 안 되는 사람들은 자원 봉사 등을 통해 나눔의 문화를 실천하기도 한다. 이러한 방송을 보거나 미담을 볼 때 자녀에게 나눔과 봉사의 의미를 잘 새겨주고 실천하게 해보는 것이 좋다.

자녀와 TV를 같이 보다가 어떤 사람의 어려움을 자녀와 같이 공감하게 되었다면 한 번 그 대상을 놓고 기부체험을 해보자. 먼저 목표액을 5만원이나 10만원으로 정해보고 같이 만들 수 있는 방법을 연구해보자. 엄마는 부식비를 조금 아껴 저축을 시작하고 자녀는 부모에게 받는 용돈을 아껴 저축을 시작한다. 자녀가 의미를 가진 저축을 하기 위해 노력할 때 부모가 방법적인 부분을 같이 찾아 주는 것도 좋다.

예를 들면 집안을 정리하여 집에서 꼭 안 쓰지만 중고로 팔면 다만 얼마라도 받을 수 있는 물건을 팔아서 목표액에 더한다면 집안 정리도 되고 좋은 일도 할 수 있게 된다. 이렇게 해서 돈이 모이면 디지털 카메라로 사진을 찍어보자. 사진 아래에는 언제부터 언제까지 무슨 목적으로 어떤 방법으로 돈을 모았는지를 적어보그 서로에게 칭찬을 해준다. 그리고 모은 돈을 송금을 하든지 아니면 해당 기관에 같이 가서 기부를 해보자.

이렇게 돈에 대한 균형 잡힌 교육을 엄마가 자녀와 함께 해 나간다면 자녀는 부모가 생각하는 것보다 훨씬 더 빨리 남을 배려할 줄 아는 따뜻한 성인으로 성장하게 된다.

2. 내 자녀와 용돈

1) 자녀에게 왜 용돈이 중요한가?

자녀에 대한 용돈 교육은 자연스럽게 부모가 돈을 벌고, 저축하고, 쓰는 과정의 중요성을 쉽게 이해시킬 수 있는 훌륭한 교육의 장이 된다. 또한 자녀들도 매주 또는 매월 정기적인 용돈을 받음으로써 정해진 돈을 규모 있게 잘 사용하는 방법을 배울 수 있으므로 자녀가 돈에 대해 이해할 수 있는 시점부터 경제 교육의 출발점으로 삼아 용돈 교육을 시키는 것이 좋다.

처음에는 아무리 잘 설명을 해 주어도 용돈을 왜 주는지, 용돈을 어떻게 사용하는지 모르거나, 한 달 동안 나눠서 사용해야 할 용돈을 장난감 등 자녀가 평소에 부모를 졸라야만 가질 수 있는 것을 사느라 하루에 다 써버린다든지 등의 시행착오를 겪을 수 있다. 그러나 이러한 부분의 잘못된 점을 자녀가 올바르게 용돈을 사용할 때까지 잘 지도해 주고, 자녀들 스스로도 용돈을 실제로 사용해 보면서 시행착오를 겪다 보면 용돈을 현명하게 잘 사용할 경우와 잘못 사용할 경우의 장·단점에 대해서 잘 알게 된다.

어린 시절부터 돈에 대해 부모의 관심과 올바른 지도를 받고 자란 자녀는 성인이 되어 독립적인 경제생활을 하더라도 일한 대가로 받는 월급을 합리적으로 잘 사용하게 되고 모두가 바라는 부자의 길을 갈 수 있다. 그렇지만 부모의 무관심 속에서 용돈 교육을 제대로 받지 못한 자녀들은 성인이 되어서도 돈을 잘 못 관리할 확률이 높다. 아니면 다 큰 자녀를 대신해서 부모가 자녀의 돈 관리를 계속해 주어야 되는 상황이 발생하기도 한다.

어릴 때는 많은 실수를 하더라도 그러한 실수가 좋은 습관을 가지기 위한 약이 될 수 있지만, 이러한 교육 없이 사회에 나가 실수를 하게 되면 극단적인 상황에 빠질 수 있으므로 어릴 때의 용돈 교육은 반드시 필요하다. 자녀도 쉽게 배울 수 있는 체험 학습의 장이 될 수 있다. 자녀가 돈에 대해 이해를 할 수 있는 초등학교 1학년 때부터는 용돈 교육을 시작해 보자. 만일 자녀가 이미 초등학교 고학년이나 중학생이 되었는데도 제대로 된 용돈 교육을 시키지 않았다면 지금부터라도 시작하는 것이 자녀의 행복한 미래를 위한 현명한 선택이 될 수 있다.

2) 올바른 용돈 관리의 방법

• 내 자녀의 용돈은 언제, 얼마를 줘야 하나?

부모가 자녀에게 용돈 교육을 시키려고 할 때 가장 고민스러운 부분이 자녀에게 매주 또는 매월 얼마만큼의 용돈을 줘야 적절한지에 대한 부분이다. 정확한 통계치도 없고 경험치도 없기 때문이다.

자녀의 용돈 액수를 정하기 위해서는 용돈으로 무엇을 할지를 먼저 결정해야 한다. 일반적으로 용돈을 받아 책이나 학용품을 사기도 하고 장난감이나 인형 등을 사기도 한다. 또한 간식거리를 사먹는다든지 게임방이나 PC방 등에 가는 비용으로 쓰기도 하고 저축을 하기도 한다. 따라서 용돈 교육을 시작할 때 자녀와의 대화를 통해 용돈의 사용범위에 대해 협의를 하고 적절한 금액을 같이 산출해 내는 것이 중요하다. 참고로 소비성 지출의 평균 구매 비용에 저축이나 기부를 전체 용돈에서 30% 정도할 수 있게 감안하여 용돈의 규모를 책정하는 것이 좋다.

부모가 매월 벌어들이는 돈에 대해 만족스러워 하지 않듯이 자녀도 항상 정기적으로 받는 용돈에 대해 부족하다고 생각하는 경향이 많다. 따라서 사용할 곳을 정하고 금액을 정하는 것이 좋다. 또한 샐러리맨들이 매년 회사와 임금 협상을 하듯이 매년 학년이 올라 갈 때 지난 1년 동안의 용돈 사용 내역과 물가 상승률 그리고 자녀의 용돈 인상 근거를 반영하여 용돈을 결정한다면 자녀가 실생활을 통해 경제에 대한 감각을 기를 수 있으며 장차 사회에서 반드시 요구되는 협상하는 방법을 부가적으로 기를 수 있다.

즉 자녀가 원하는 것을 부모에게 관철시키기 위해서는 부모가 납득할 수 있는 근거를 제시해야 한다는 것과 그러한 근거를 제시하지 못할 경우에는 부모로부터 원하는 것을 얻을 수 없다는 것을 자연스럽게 이해할 수 있게 되고 이는 자녀에게 합리적인 사고를 할 수 있는 능력을 키워주게 된다.

　용돈을 주는 시기에 대해서도 고민하게 되는데 저학년일 경우에는 주에 한 번씩 주다가 자녀가 자신이 받는 용돈을 잘 관리하게 되면 부모가 월급을 받듯이 한 달에 한 번씩 주는 것이 좋다. 받는 금액의 뭉치가 클수록 돈을 효율적으로 배분하는 것이 좋다. 일단 시작할 때 자녀에게 너무 많은 것을 기대하고 시도하기 보다는 자녀의 눈높이에 맞추어 차근차근 진행하는 것이 좋다. 그러한 과정을 통해 용돈을 잘 관리하지 못하면 본인들이 원하는 것을 얻지 못할 수도 있고 그 고통이 클 수도 있다는 것을 자연스럽게 체험하게 된다.

　이 때 정해진 용돈을 자녀가 잘 관리하지 못하고 다 써버린 후 부모에게 돈을 더 달라는 요청을 하게 될 경우가 있다. 이 때 부모는 단호하게 대처할 필요가 있다. 돈을 더 달라고 할 대는 반드시 용처를 확인해야 한다. 용처가 소비성 지출일 경우에는 주지 않고 다음 주나, 다음 달의 용돈 받을 때까지 참게 해야 한다.

　이런 습관이 제대로 몸에 배이지 않게 된다면 자녀가 성인이 되어서도 소비 욕구를 참지 못하고 카드 등을 이용하여 먼저 지출한 후 월급을 받아 갚아나가는 나쁜 습관이 자연스럽게 몸에 배게 될 수 있다. 단, 소비성 지출이 아니라 필수품을 사기 위해 용돈을 더 요청할 경우에는 대출의 무서움에 대해 교육을 시킬 수 있는 좋은 기회가 될 수 있다.

시중 은행의 신용대출 이율을 적용하여 자녀에게 일시적으로 대출을 해 준다든지 아니면 시중 대부업체의 이율을 적용하여 필요한 기간까지 대출을 해 줄 수도 있다. 그 경우 돈을 제대로 관리하지 못할 때 본인에게 어떠한 불이익이 발생하고 한 번 펑크가 나기 시작하면 불필요한 소비지출의 통제나 욕구의 억제 없이는 점점 더 고통스러운 상황에 빠질 수도 있다는 것을 체험할 수 있는 좋은 기회가 된다. 왜냐하면 한정된 소득을 가진 사람이 다음 달의 소득을 미리 당겨 쓴 데다 금융 비용까지 지불하게 될 경우 특별한 소득이 생기지 않거나 인내를 하지 않고는 다달이 더 상황이 나빠지는 것이 일반적이기 때문이다.

• 가족회의를 통한 용돈 교육

자녀를 잘 키우기 위한 방법으로 정기적으로 가족회의를 하는 가정이 많아지고 있다. 이 시간을 통하여 가족끼리 주제를 놓고 대화를 하기도 하고, 가족 신문을 만들어 보기도 하고, 자녀의 발표력을 높이는 발표의 장으로 활용하기도 한다. 마찬가지로 용돈 교육을 가족회의 시간에 접목하여 실시하는 것도 좋은 방법이다.

일단 바쁜 일상에서 용돈 교육만을 위해 가족 구성원이 다 모이기는 쉽지 않다. 부모는 부모대로 생업에 바쁘고 자녀도 학원 가랴 공부하랴 바쁜 세상이다. 그러므로 가족회의 순서에 용돈 교육 시간을 배정하여 자연스럽게 용돈 교육을 하면 효과가 크다. 이 때 부모가 자녀에게 여러 개의 경제 교육 테마나 용어 중에 한 가지 정도를 짧게 설명하거나 이해시켜주면서 자연스럽게 용돈 기입장을 놓고 지출에 대해서 대화를 나누다 보면 자녀의 애로 사항도 알 수 있고 잘한 점에 대해서도 자연스럽게 칭찬할 수 있다. 또한 가족회의 시간을 통하여 용돈 책정이나 인상 그리고 부족분에 대한 대출 여부 등을 가족 모두가 모인 가족회의 시간에 공식적으로 할 경우 가족 간의 공감대 형성에도 좋고 서로에 대한 투명성을 높일 수 있다. 또한 가족 구성원 모두가 용돈을 아껴서 할 수 있는 의미 있는 목표의 설정 및 실행이 가능하다. 이를 통해 가족 간의 화합과 이해라는 덤도 부가적으로 얻을 수 있다.

• 용돈 기입장에 반드시 들어가야 할 항목

자녀가 용돈 기입장을 쓰면서 얻을 수 있는 가장 큰 효과는 본인의 지출 내역을 확인하면서 불필요한 지출을 줄이는 것과 예산에 맞추어 용돈을 집행하는 관리 능력을 키우는 것이다. 따라서 자녀가 용돈을 지급 받으면 약식으로라도 용돈 기입장을 작성하도록 하고 반드시 새로운 용돈을 줄 때는 용돈 기입장을 확인하여 안의 내용에 대해 충분히 교감을 한 후에 주는 것이 좋다.

용돈 기입장의 양식과 관련하여서는 자녀가 부담을 느낄 정도로 복잡한 양식은 사용하지 않는 것이 좋다. 자녀가 용돈 기입장에 기입할 항목은 부모가 쓰는 가계부에 비해 지극히 간단하기 때문에 가능하면 자녀가 쉽게 쓰면서 습관을 들일 수 있는 양식이 중요하다.
또한 학습과 연계한 용돈 기입장을 활용하면 다른 효과도 같이 얻을
수 있다.

가. 용돈 기입장의 의미와 시작 일자

부모가 가정에서 쓰는 가계부는 매년도 1월 1일에 시작하여 12월
31일 날 끝나는 것이 일반적이다. 그러나 자녀의 경우 용돈 기입장
을 쓰게 하는 주된 이유가 교육에 있으므로 굳이 1월에 시작할 필요
는 없으며 다른 교육들과 자연스럽게 통합하여 실시하면 용돈 교육
을 통해 부가적인 효과를 얻을 수 있다. 즉 용돈 교육을 단순히 경제
교육의 일부분만으로 사용하는 것이 아니라 학생 시절에 반드시 필
요한 교육과 연결을 시킬 수 있다는 것이다.

용돈에 대하여 예산을 세우고 결산을 하듯 학생 시절에 자녀가 필
요한 목표를 세우고 그 목표의 달성 여부를 부모와 함께 확인해 보는
작업을 한다면 용돈 기입장의 작성을 통해 더 많은 효과를 얻을 수
있다. 매년 작성한 용돈 기입장을 잘 모았다가 자녀가 성인이 될 때,
그렇지 않으면 결혼을 하여 가정을 꾸릴 때 자녀에게 선물로 준다면
좋은 추억이 될 뿐 아니라 본인의 자녀에게 교육을 시킬 때에도 좋은
자료가 될 수 있다. 용돈 기입장의 경우 새 학년이 시작되는 매년 3
월 1일에 시작하여 다음 연도의 2월 말일 날 끝나는 것이 좋다.

나. 연간 · 월간 예산의 수립과 새 학년 · 매월에 대한 계획 수립

새로운 일을 시작할 때는 누구나 새로운 마음을 가지게 된다. 마찬가지로 자녀도 새 학년이 되면 새로운 각오를 하게 된다. 매년 시작할 때와 매월 시작하는 날 부모는 자녀와 함께 새로운 학년과 새달에 대한 각오와 용돈에 대한 예산을 세워보자. 맨 처음 교육을 시작할 때 자녀에게 작성하는 방법과 의미를 알려주고 가족회의 시간을 통해 가족끼리 내용을 발표하여 공유하면 좋은 학습이 될 수 있다. 처음에는 다소 시간이 걸리고 어렵게 느껴지겠지만 시간이 흐를수록 소요 시간도 짧아지고 교육 효과도 높아진다.

■ 새 학년에 하고 싶은 일 적어보게 만들기
  ○ 학습에 대한 목표(예 : 영어 레벨 3단계 올리기, 수학 경시 대회에서 금상 받아보기 등등)
  ○ 배우고 싶은 것에 목표(예 : 수영 배우기, 피아노 배우기 등등)
  ○ 좋은 습관을 기르기 위한 목표 (예 : 아침에 일어나면 이불개기, 하루에 책 1권 읽기 등등)

■ 소중한 사람들을 위한 기념일 알아보게 만들기
  ○ 가족이나 친한 친구의 생일을 달력에 표시한다.
  ○ 스승의 날이 언제인가 체크해 본다.

■ 연간 예산 세우게 하기

○ 정기적인 용돈 계산해 보기 (예 : 부모로부터 매주 또는 매월 받기로 한 용돈)

○ 특별 용돈 계산해 보기(예 : 설날 같은 명절이나 부모 이외의 가까운 분으로 받을 가능성이 있는 용돈 계산해 보기/전년도 기록을 참조하면 쉬움)

○ 연간 지출 예상해 보기(예 : 책, 학용품, 선물, 간식, 장난감 등)

○ 연간 저축 목표 정하기(예 : 전체 용돈의 몇 %나 월 정기적인 금액의 합산)

○ 연간 기부 목표 정하기(예 : 전체 용돈의 몇 %나 월 또는 연간 기준 정액)

■ 월간 계획과 예산 세우게 하기

○ 위의 항목을 월 기준으로 실시한다.

3) 자녀를 위한 평가와 보상

매월 말이나 다음 해의 2월말에는 계획을 수립하고 예산을 세운 것과 실제로 실행한 것을 검토하여 평가를 실시한다. 앞에서 언급했듯이 이런 평가를 통해 한 학년이 더 올라갔을 때 용돈 인상의 근거로 활용한다.

또한 부모가 판단하기에 자녀의 노력으로 학습이나 여러 가지 목표에 대해 현저하게 발전이 있었을 경우 용돈 인상과는 별개로 자녀가 평소에 꼭 가지고 싶지만 본인의 용돈으로는 구입하기 어려운 것들을 특별한 선물로 자녀에게 주는 것도 큰 동기 부여가 될 수 있다.

그리고 매월의 평가와 매년의 평가를 통해 다음 달이나 다음 해에 자녀가 목표나 예산을 세울 때 참고하여 교육과 지도를 잘해 나가면 자녀가 성인이 되었을 때 돈의 관리 방법만이 아니라 원하는 목표를 이루기 위한 좋은 습관이 몸에 자연적으로 배어 훌륭한 성인으로 자랄 수 있게 된다.

4) 내 자녀를 위한 용돈 체크 포인트

용돈에 대한 교육을 하다보면 부모와 자녀 간에 쓸데없는 갈등이 생길 수 있다. 자기 마음대로 사용하고 더 많이 받기를 바라는 자녀와 용돈 교육을 통해 많은 것을 가르치고 싶은 부모의 욕심과의 차이를 좁히는 것은 쉬운 일이 아니다. 게다가 자녀가 어릴수록 이해시키기도 힘들고 막무가내로 응석을 부릴 수도 있기 때문에 하다보면 중단하고 싶은 유혹도 느낄 수도 있고 방치하는 경우도 생길 수가 있다.

어린 자녀에게 용돈 교육을 시키는 가장 큰 목적은 돈에 대한 올바른 소비 습관과 저축 습관 그리고 어려운 이웃과 나눌 줄 아는 습관을 어릴 때부터 길러주는 것이다. 또한 사랑하는 자녀가 시행착오를 겪지 않고 경제적으로 당당한 성인으로 살아가기를 원하기 때문이라는 점을 잊지 말아야 한다. 과정이 어렵고 힘들지라도 절대 포기하지 말고 꾸준히 지켜나가야 한다.

그러기 위해서는 반드시 원칙을 지키고 체크해야 할 포인트가 있다. 초기에 새롭게 용돈 교육을 도입할 때는 물론 어렵겠지만 주요한 체크 포인트에 대해 원칙을 가지고 잘 관리하고 교육시켜 나간다면 1년 정도 지난 뒤에는 큰 어려움 없이 자녀의 습관으로 만들어 줄 수 있다. 초등학교 고학년 정도만 되더라도 이미 자녀에게 습관화가 되어 있을 가능성이 높기 때문에 용돈 기입장 정도만 확인을 하여 잘못하고 있는 점만 잡아주면 된다.

• 목표를 명확하게 설정케 하자

용돈 교육을 시작하기 전에 반드시 왜 용돈을 주는지에 대해 자녀에게 올바르게 이해시키는 것이 가장 먼저 해야 할 일이다. 또한 저축을 한다거나 기부를 한다거나 할 때도 왜 해야 하는지, 해야 한다면 명확한 목표를 설정하는 것이 왜 중요한지를 자녀에게 이해시켜야 한다. 예를 들면 자녀가 용돈으로 저축을 시작할 경우에도, 저축을 해야 하는 이유가 무엇인지, 저축을 해서 모은 돈으로 무엇을 할지, 언제까지 그 돈을 모을지, 어떤 방법을 이용해서 그 돈을 모을지 등에 대한 구체적인 방안이 나와야 한다. 그래야 자녀는 부모가 시켜서 기계적으로 저축을 하는 것이 아니라 미래의 명확한 목표를 달성하기 위해 즐겁게 저축을 할 수 있고, 목표를 달성한 후의 성취감

도 느낄 수 있게 된다. 용돈 교육과 관련하여 모든 돈표 설정이 필요
한 사항들에 대해서는 반드시 자녀와의 대화를 통해 목표를 설정하
는 습관을 가져야 더 효과적인 교육이 된다.

• 자녀와 용돈에 대한 계약서를 쓰자

용돈을 처음 지급하기 전에 용돈을 주는 목적, 사용처, 주는 방
법, 금액, 가불의 조건과 방법, 용돈 기입장에 대한 내용 등 용돈 교
육을 시작하면서 부모와 자녀가 반드시 지켜야 할 사항들에 대해 문
서화를 한다.

이는 자녀에게 계약의 중요성에 대한 교육을 시킬 수 있는 기회가
되고 추후에 부모와 자녀와의 갈등을 최소화시키기도 한다.

• 약속한 날 반드시 지급하자

부모 중에는 자녀와 용돈 교육을 시작해 놓고 부모 자체가 용돈을
주는 날에 대한 약속을 지키지 않기도 하고 설상가상으로 지키지 않
는 것에 대해 대수롭지 않게 생각하는 경우가 있다. 이 때 자녀는 입
밖으로 말은 안 해도 약속의 중요성에 대해 대수롭지 않게 생각하게
된다.

또한 나중에 용돈을 비롯해서 여러 가지 문제에서 부모와 갈등이
있을 때 부모가 약속을 안 지킨 상황을 내세워 본인의 잘못을 정당
화하려는 경우가 종종 있으므로 부모가 먼저 정해진 날짜에 용돈 지
급하는 것을 생명처럼 여겨야 한다.

• 보상이나 벌로 이용하지 말자

부모 중에는 수시로 자녀가 뭔가를 잘못하면 용돈을 임의대로 깎겠다든지 아니면 잘한 일에 대해서 용돈을 더 주겠다든지 하는 방법으로 용돈을 벌이나 보상의 수단으로 이용하기도 한다. 이러한 방법은 자녀에게 좋은 영향을 끼칠 수 없다. 여러 가지 유혹이 생기더라도 자녀와 작성한 계약서대로 용돈을 지급하는 것이 자녀에게 약속의 중요성을 자연적으로 체득하게 하는 방법이다.

• 저축부터 하고 필요한 것을 지출하게 하자

부자가 되는 길 중에 가장 기본적인 것은 버는 돈을 저축부터 하고 지출하는 것이다. 성인이 되어서도 경제적으로 어려운 사람들을 보면 대개가 지출하고 남은 돈을 저축하는 사람들이다. 자녀에게 어릴 때부터 올바른 저축습관을 길러주기를 원한다면 용돈 받은 날 반드시 용돈의 몇 퍼센트를 저축하고 쓰게 하는 습관을 길러주어야 한다. 새로운 좋은 습관을 기르기는 어렵다. 그러나 처음부터 당연한 것으로 알고 실천하게 하면 자녀에게 자연스러운 일이 된다.

• 기부를 생활화하게 하자

저축과 마찬가지로 자녀에게 기부와 봉사의 의미를 알게 하고 용돈의 일부를 어려운 이웃을 위해 나눌 수 있는 따뜻한 사람이 되게 하는 것이 중요하다. 사람의 인생에서 돈이 인생의 목적이 될 수는 없다. 부자가 된다는 것은 단지 돈만 많이 모은다고 되는 것이 아니다. 존경받는 부자는 모은 돈을 잘 쓰는 사람이다.

잘 쓰기 위해서는 어려운 사람들을 위해 기부나 봉사를 하는 따뜻한 마음을 실천하는 것이 중요하다. 자녀가 돈의 노예로 살지 않고 사회에 이바지할 수 있는 훌륭한 사람이 되기를 원한다면 어릴 때부터 어려운 이웃을 위해 나눌 줄 아는 것을 부모가 가르쳐야 한다. 또한 이는 자칫 잘못된 방향으로 빠질 수 있는 용돈 교육에 좋은 의미를 부여할 수 있게 된다.

• 자녀의 선택을 강요하지 말자

교육과 지도는 하되 자녀의 선택을 강요하지는 말아야 한다. 용돈 교육은 자녀의 힘으로 독립적이고 합리적인 의사 결정을 하는 방법을 가르치는 것이 중요하다. 잘못된 선택을 할 때는 그러한 잘못된 선택 후에 벌어지는 일들에 대해 자녀가 체험하고 잘못되었다는 것을 느끼고 바꾸는 것이 중요하다. 그 과정 중에 부모가 할 일은 옳은 방법을 알려주고 잘못된 것을 시정하는 방법을 지도해 주는 것이다. 부모가 감놔라 배놔라 하면 결국 용돈 교육의 의미가 희석되게 된다.

• 용돈 기입장은 꼭 쓰게 하고 반드시 확인하자

용돈 교육의 핵심 사항 중에 하나가 용돈 기입장의 작성과 확인이다. 자녀가 용돈 기입장을 작성하면서 본인이 직접 세운 예산과 실제 결과의 차이를 인식하여 수정하는 작업을 통해 많은 것을 느끼고 많은 것을 생각할 수 있게 된다. 이러한 작업은 비단 용돈을 받고 쓰는 것을 기록하는 것에 끝나지 않고 자녀에게 매사에 목표와 실천의 중요성과 성취의 기쁨에 대해 교육을 시킬 수 있는 좋은 기회가 된다. 또한 지출 내역에 대해서 자녀와 대화를 해 나가는 과정에서 좋은 지출과 나쁜 지출의 차이를 인식시킬 수 있고 지출을 잘 못했을 경우의 결과에 대해 자녀에게 실제의 사례를 통해 배움을 줄 수 있는 기회가 된다. 용돈 기입장이 단순히 숫자를 기록하는 것이 아니라 그것을 통해 자녀에게 올바른 교육을 시키는 목적으로 사용할 때 효과가 있다.

3. 자녀가 꼭 알아야 할 가계의 필요자금

부모나 자녀나 경제생활을 시작하면서 나이 들어 사망할 때까지 정상적으로 생활하기 위해서 반드시 필요한 돈들이 있다. 살면서 가장 많이 들어가는 돈이 기본 생활비이지만 본격적인 노후 생활에 들어가기까지의 기본 생활비를 제외하고도 큰 목돈이 들어가는 필요자금들이 있다. 따라서 시기별로 필요한 돈을 처음부터 구체적인 전략을 세워 만들어 나가지 않으면 살면서 큰 낭패를 볼 수가 있다. 또한 이러한 자금들을 준비할 때는 반드시 각각의 필요자금들에 대한 균형 잡힌 시각이 필요하다. 한두 가지 중요한 목표에만 올인 할 경우 다른 필요자금을 마련하는 것이 쉽지 않을 수 있고, 그 결과 삶이 고통스럽게 진행될 수도 있다. 부모부터 현재 시점에서 가족을 위해, 자녀를 위해, 부부를 위해 살면서 반드시 필요한 자금에는 어떠한 것들이 있는지 또 그 필요한 자금을 어떻게 준비해 나가야 하는지 알아보자. 또 자녀에게도 살면서 필요한 자금들의 성격과 준비하는 방법들에 대해서 알려주는 지혜가 필요하다.

1) 위험관리비용

부모나 자녀 중에 한 명 또는 다수가 아프거나 다쳤을 경우 각종 검사비나 치료비 그리고 재활비용 등으로 예상치 못한 큰 비용이 지출될 수 있다. 게다가 가정의 경제적 주체가 갑작스러운 사고나 질병으로 사망을 한다든지 큰 장해를 입어 경제활동을 할 수 없게 될 경우에는 가계에 심각한 위기가 초래 될 수 있다. 따라서 최소의 효율적인 비용으로 이를 대비하는 보장성 보험에 가입하여 발생 가능한 위험을 관리해야 하므로 월급여의 일정부분을 가족을 위한 위험관리 비용으로 지출하여야 한다.

가족의 모든 의료비 관련한 비용을 실손으로 보상해 주는 보장성 보험과 가장이 사망했을 때 남은 가족이 생활하는데 지장이 없도록 가장의 사망 시를 대비하는 보장성 보험에 가입하면 된다. 이 때 보험은 비용이므로 최소한의 보장 보험료로 한 가족 전체를 최대한 효율적으로 보장할 수 있는 보장책의 마련이 최선이다.

2) 비상예비자금

평소 생활비의 3~6배 정도의 비상예비자금을 확보해야 한다. 이 돈은 질병이나 사고 또는 실직이나 전직 등의 일시적인 가계의 비상 상황이 발생할 때만 사용하는 자금이다. 이러한 자금을 확보하지 못하면 유지하던 금융상품을 해약한다든지 대출을 받아야 한다. 요즘은 가까운 친인척 간이나 친한 친구에게도 돈을 빌리기 어려운 시대이다. 이러한 자금을 상시적으로 확보하지 않으면 가입하고 있던 금융 상품을 중도에 해지하여 그에 따른 손해를 보기도 하고 고율의 이자를 부담하는 대출상품을 선택하여 필요 이상의 금융비용을 지불할 수도 있다. 지금 당장 비상 예비자금이 없다면 비상 예비자금부터 만드는 것이 급선무이다. 비상 예비자금은 안전성과 유동성이 중요하므로 그러한 성질에 부합하는 상품을 활용한다.

용돈 교육 중에도 자녀에게 저축에 대한 지도를 할 때는 모든 돈을 유동성이 확보되지 않은 상품에 올인하지 않게 지도하는 것이 필수적이다. 부모처럼 긴급한 상황이 발생하지도 않고 그러한 상황에서 부모의 도움을 충분히 받을 수도 있지만 자녀에게도 불가피하게 자기가 가진 목돈을 반드시 사용해야 할 그들만의 상황과 이유가 있을 수 있기 때문이다.

3) 주택구입자금

우리나라 가계의 가장 큰 관심사이면서도 가장 큰 고민 덩어리가 내 집 마련 자금이다. 대부분 구체적 계획을 세우기보다는 가능하면 빨리 내 집을 마련하려고 한다.

그러다 보니 계획 없이 무리하게 대출을 받아 주택을 구입하고는 대출원금 상환과 매월 발생되는 금융비용 때문에 생활도 빡빡해지고 현금 흐름에 지장을 받는 경우가 많다. 우선 집을 사는 것이 현명한 선택인지 아닌지부터 결정해야 한다. 만약에 꼭 사야 한다면 어디에, 어느 정도의 크기의 집을 사는 것이 적합한지를 따져보고 부대비용을 포함하여 총 어느 정도의 자금이 필요할 지를 파악해야 한다. 또한 이미 있는 집을 살지 아니면 청약을 통해 살지도 결정해야 한다.

그러한 결정이 세워지면 구체적으로 몇 년 후에 어느 정도의 돈을 투자해 집을 살지를 결정한다. 이때 주택가격의 상승률은 매년 물가상승률을 감안하면 큰 무리가 없다. 원하는 집의 예상 시세와 자신이 그 때까지 만들 수 있는 금액 그리고 현재 살고 있는 집을 감안하여 예상대출액과 매월 본인 및 가계의 소득수준에서 감당할 수 있는 금융비용 등을 고려하여 계획을 세우는 것이 현명하다.

가장 중요한 것은 모든 다른 필요자금과의 균형을 맞추어야 하며 가계의 현금흐름에 지장을 초래하지 않고, 가계의 예기치 못한 위험이 발생하더라도 충분히 극복해 나갈 수 있는 수준에서 무리하지 않게 주택 구입 계획을 세우는 것이 중요하다.

4) 자녀교육자금

우리나라의 부모라면 누구나 주택구입자금과 더불어 가장 고민스러워 하는 자금이 자녀 교육자금이다. 남들 다하는데 사랑스러운 내 자녀만 안 할 수도 없고, 괜히 안 하면 불안하다. 한 가지 한 가지 필요하다고 생각해서 하다보면 어느 순간 가계에 큰 부담이 된다. 대한민국의 사교육비를 포함한 교육비의 연평균 상승률은 약 8%이다. 연평균 물가 상승률의 2배에 가까운 수준이다. 교육자금 마련에 앞서 자녀에 대한 올바른 교육관의 수립과 사교육에 대한 건강한 통제가 필요하다.

먼저 자녀가 성장하여 어떠한 일을 하면서 살아야 할지 자녀의 적성을 고려하여 고민해 보아야 한다. 자신의 자녀의 시기별로 필요한 교육자금을 산출해 본다. 현재의 가치로 산정하면 안 되고 연평균 교육비 상승률을 감안하여 미래가치를 산출해야 한다. 일반적으로 교육비는 고등학교 때부터 급증한다. 경제적 주체의 조기퇴직이나 명예퇴직 등으로 자녀가 학자금이 필요한 시기에 소득의 감소나 소득의 중단이 발생할 수 있으므로 미리 준비하지 않으면 교육비 마련에 큰 어려움을 겪을 수 있는 점도 감안해야 한다.

많은 가계가 조기교육에 따른 지나친 사교육으로 초등학교나 중학교 때 많은 돈을 투입하는 경향이 있다. 그러다가 교육비에 대한 준비부족과 예기치 못한 가장의 소득 감소나 중단 등으로 정작 교육비 지원이 절실해지는 고등학교 때나 대학교 때 교육비를 지원하지 못해 사랑하는 자녀가 아르바이트에 치중하여 학업에 소홀해 지거나 학업을 중단하는 경우도 생긴다. 그렇지 않으면 등록금을 내야 될 때가 되면 주위의 도움을 요청해야 하거나 학자금 대출을 받아 사회생활을 시작하기 전부터 채무의 덫에 걸려들 수도 있다. 따라서 교육비 지출도 유치원부터 대학교 졸업 때까지 적절한 계획에 따라 적절한 금액을 감안하여 적합한 금융상품을 통해 준비해 나가야 된다.

또한 자녀에게도 자신에게 투자되는 교육비를 마련하기 위해서 얼마나 부모들이 희생을 하여야 하는지, 가계의 지출 중에 본인을 교육시키기 위해 드는 비용이 얼마나 되는지도 알려줄 필요가 있다. 아마 그러한 사항들을 자녀가 알고 부모의 희생을 안다면 모르는 것보다는 더 교육에 대한 효과가 클 수 있다. 부모가 항상 잊지 말아야 할 것은 자녀는 부모를 슈퍼맨으로 여긴다는 것이다.

5) 부채상환자금

지금 시점에 부채가 발생해 있는 사람도 있고 앞으로 주택 마련 등을 할 때 일부 부채를 활용해야 할 사람도 있을 것이다. 만약에 부채가 이미 있다면 빨리 갚는 것이 유리한지 늦게 갚는 것이 유리한지가 중요하기보다는 자신의 부채에 대하여 정확히 파악한 후 현금흐름과 다른 필요자금의 준비에 큰 지장을 주지 않는 범위 내에서 부채상환계획을 수립해야 한다. 많은 사람들이 부채를 지는 경우 매월 생활비를 제외한 모든 비용을 우선적으로 부채 상환에 투입하는 경향이 있다.

부채 규모가 작을 경우에는 별 문제가 안 되지만 부채의 규모가 클 때는 이러한 부채상환방식은 문제가 된다. 부채만 갚다보면 사는 것이 재미도 없고 부채도 생각보다 빨리 갚아지지 않는다. 정말 열심히 허리띠를 졸라매어 부채를 상환해 나가서 막상 부채를 다 청산하였다 하더라도 자신이 가지고 있는 별도의 자산이 없는 상황에서 다른 긴급한 사건이 발생한다면 또 다시 부채를 지게 될 수도 있다.

이럴 경우 기존 자산을 매각하는 결심을 하지 않는 한 부채의 악순환의 고리에서 영영 빠져 나오지 못할 수도 있다. 따라서 부채규모에 따라 장기적인 상환계획을 수립하여 부채의 일부도 상환하면서 동시다발적으로 다른 필요자금을 같이 준비하는 전략이 필요하다. 그래야 부채 상환이 끝난 후에도 이미 많은 필요 자금을 해결하고 앞으로 남은 필요자금의 준비도 훨씬 수월해진다.

6) 은퇴자금

은퇴는 가장 중요함에도 불구하고 시간적인 순서에서는 가장 마지막에 위치하게 된다. 그러다보니 젊은 시절 긴급한 재무목표들의 해결에 치중하여 살다보면 정작 가장 중요한 필요자금인 은퇴자금을 살고 있는 집 이외에는 전혀 준비하지 못할 수도 있다. 우리가 수입이 있는 동안 열심히 돈을 모아야 하는 가장 큰 이유는 바로 소득 없이 부부가 살아야 하는 시간이 길기 때문이다. 짧게는 은퇴 후 10년에서 20년의 세월이고, 길게 보면 은퇴 후 30년에서 40년의 세월을 두 부부가 소득 없이 살아야 한다. 즉 준비한 노후는 축복이지만 준비하지 못한 노후는 죽느니만 못할 수도 있다. 은퇴 후 노후 생활을 축복된 삶으로 만들려면 많은 것을 고려해야 한다. 언제부터 본격적인 노후생활을 시작할지, 얼마나 살지, 어디서 살지, 건강하게 살려면 무엇을 준비해야 할 지, 그리고 많은 여유시간을 어떻게 보낼지, 막대하게 들어갈 의료비는 어떻게 충당할 지 등 다방면에서 생각을 구체적으로 해 보아야 축복받는 노후를 준비할 수가 있다.

먼저 은퇴시기부터 부부의 사망 시까지 예상 평균수명에 기초하여 현재가치로 매월 얼마나 필요할지에 대한 금액을 산출해 내야 한다. 이 때 간과하지 말아야 할 것은 평균수명의 연장과 화폐가치의 하락 그리고 부부의 연령 차이와 여성의 평균 수명이 남성보다 평균 6~7세가 길다는 점이다. 이러한 점들을 고려하여 젊었을 때 하루라도 빨리 노후를 위한 준비를 시작해야 한다.

인생은 각 시기마다 중요하고 돈이 반드시 필요한 재무적인 사건들로 이어져 있기 때문이다. 특히 내 집 마련에 대한 욕구와 자녀의 교육에 대한 부담이 크기 때문에 한시라도 빨리 준비해야 매월 부담이 적은 금액으로도 풍족하지는 못 하지만 노후를 준비해 나갈 수 있다. 이미 40대 후반이 되었는데도 불구하고 노후에 대한 준비가 전혀 안되어 있고 계속 시간을 미루면 결국 불행한 노후를 맞이할 공산이 크게 된다.

7) 이벤트 자금

살다보면 큰돈은 아니지만 상대적으로 적은 규모의 목돈이 드는 필수 자금들이 있다. 예를 들면 양가 부모의 환갑, 칠순이나 장례 등의 효도 비용, 형제자매들의 결혼비용 그리고 가족의 기념 이벤트 등이다. 물론 이중에는 딱 시기가 정해지지 않은 사건들도 있지만 대략적인 시기는 예상할 수가 있다. 이러한 필요자금도 2~3년의 계획을 가지고 미리 미리 준비해 나간다면 매월의 적은 돈으로 준비가 가능하지만, 막상 닥쳐서 준비하게 되면 목돈의 지출로 인해 가계에 부담이 될 수 있으므로 미리미리 계획을 세워 준비해 나가는 습관을 길러야 한다.

자녀의 용돈 교육 중에 연간 예산을 세울 때도 같은 준비를 시키는 것이 좋다. 자녀도 1년에 한 번은 사랑하는 사람들을 위해 간단한 선물이라도 마련하는 습관을 들이게 하는 것이 좋다. 자녀 입장에서도 주간이나 월간 받는 용돈에서 이러한 자금을 준비하려면 무리가 따르므로 연간 예산을 짤 때 이러한 부분을 지도하여 따로 준비하게끔 지도하면 효과적이다.

8) 창업자금

IMF 이후 삼팔선, 사오정, 오륙도라는 신조어가 만들어졌듯이 조기퇴직이나 명예퇴직 등의 여파로 직장인들의 경우 40대 중반이면 직장생활이 불안해진다. 따라서 전직을 하거나 창업을 하는 것도 고려해야 한다. IMF 때 이후로 많은 직장인들이 창업을 선택했지만 대부분 뜻대로 성공을 이루지 못했다. 많은 창업자들이 실패한 이유는 소자본으로 창업한 이유도 있었지만 창업에 대한 준비를 사전에 하지 못한 것이 가장 큰 원인이다. 남들이 하니까 설마 내가 못하겠냐고 생각하고 전혀 경험이 없는 분야에 막연한 성공에 대한 환상을 품고 자의로, 아니면 어쩔 수 없이 무작정 창업을 했기 때문이다.

먼저 현재 다니고 있는 직장을 앞으로 얼마나 더 다닐 수 있는지를 판단해 보아야 한다. 그리고 만일 직장을 그만둔다면 어떤 일을 하면서 가계를 책임질 수 있는지를 판단해야 한다. 가능하면 본인이 좋아하거나 소질이 있을 것 같은 일, 그리고 오래도록 할 수 있는 일을 선택하는 것이 최선이다. 그러고 나서는 창업을 하려면 얼마의 자금이 필요한지를 산출해 본다. 그 일을 하기 위해서 습득해야 하는 것이 있다면 무엇이고, 언제부터 준비해야 하는지를 계획해 본다. 현재와 같은 사회 환경이나 라이프사이클 하에서는 창업이 필수가 될 수도 있다. 앞으로 사회나 경제 환경이 더 빡빡해지면 빡빡해지지 더 좋아질 것이라고 예측하기는 힘들다. 만일 잘 준비하여 충실하게 인생의 두 번째 시기를 맞이한다면 첫 번째 시기보다 더 화려한 인생이 될 수도 있다

자녀가 학교를 졸업하고 사회에 나가는 미래에는 반드시 취업만이 정답이 아닐 수도 있다. 지금은 대학을 졸업하고 취업을 하는 것이 모든 사람들이 하는 정규코스로 여겨지지만 자녀가 성장하여 사회에 나갈 때는 이러한 상황도 달라질 수 있다. 저축에 대한 목표를 잡아줄 때도 자녀의 꿈과 연계시켜 미래의 꿈을 준비하는 방법으로, 장기적으로 저축 및 투자를 하는 습관을 길러주는 것도 좋은 방법이다.

4. 조기 경제 교육이 꼭 필요하다

요즘 자녀는 엄마의 배 안에 있을 때부터 교육을 받기 시작한다. 초등학교에 들어가기도 전에 영어를 배운다. 조기 유학의 열풍으로 초등학생들이 해외로 공부를 하기 위해 떠나기도 한다. 자기가 속한 학년의 공부를 넘어서서 앞으로 진학할 학년의 공부를 선행 학습하기도 한다. 특목고에 가기 위해서 중학교 때부터 어린 나이에 밤 12시까지 종합반에 다니기도 한다. 그것도 모자라 새벽 1~2시까지 추가로 공부하기도 한다. 고등학교에 진학하게 되면 더 하면 더 했지 덜하지는 않는다. 이러한 모든 이유가 자녀가 좋은 대학에 가서 좋은 직업, 그것도 가능하면 사회에서 필요도 하고 돈도 많이 벌 가능성이 높은 아니면 돈 때문에 고민하지 않을 확률이 높은 좋은 직업을 가지기를 바라는 마음이 크기 때문일 것이다.

최근에 어린이 경제교육을 시키는 부모가 늘고 있다. 물론 나중에 배울 공부를 미리 학습시킨다는 이유도 있지만 부모가 돈 때문에 고생한 경험을 자녀가 반복하지 않기를 바라는 마음이 커서일 것이다. 그만큼 부모가 사랑하는 자녀의 미래의 사회 및 경제 환경에 대한 걱정이 크다는 반증이다.

부모가 자랄 때 배우고 체득하였으면 현재 사는데 큰 도움이 될 수 있었을 경제에 대한 지식과 좋은 습관을 부모는 기회가 없어서 미리 알고 익히지 못해 무수한 시행착오를 겪었다. 그렇지만 사랑하는 자녀는 좋은 지식과 습관을 미리 익히고 자기 것으로 만들어 성인이 되어 훌륭한 직업과 함께 경제적으로 풍요로워졌으면 하는 바람이 크다.

저축이나 소비 그리고 봉사와 기부는 철저하게 몸에 밴 습관에 의해서 좌우된다. 존경받는 부자들은 좋은 습관이 철저하게 몸에 밴 사람들이다. 그들은 체험적으로 알았건 부모로부터 교육을 받았건 그들의 멘토인 선배부자들로부터 배웠건 좋은 습관을 실천하여 오늘날 존경받는 부자가 된 것이다.

소비를 일례로 들어보면 과거에는 돈이 많아도 살 것이 별로 없었지만 현대사회는 돈이 없어도 살 것이 많은 세상이다. 게다가 신용카드의 도입으로 돈이 없어도 자기가 사고 싶은 것을 외상으로 마음껏 살 수 있는 세상이다. 돈을 모을 때까지 소비를 지연시킬 필요도 없다. 부모도 그렇고 그 모습을 바라보는 자녀도 그러한 것을 당연하게 여긴다. 그만큼 과거보다 소비에 대한 유혹이 많아졌기 때문에 자칫 방심하면 잘못된 소비로 인해 나락으로 떨어질 수 있는 세상이 된 것이다. 그런데 모든 책임은 본인이 져야 하는 세상이다. 소비를 미덕이라고 부추긴 국가도 기업도 아무도 책임지지 않는다. 따라서 올바른 지식과 습관을 일찍부터 깨닫고 실천하지 못하면 정말 살기가 힘든 세상이다.

자녀들에게 조기 경제 교육이 필요한 것은 이러한 이유가 크다. 세 살 버릇 여든까지 간다고 하였다. 잘못된 습관을 가지면 이를 고치기가 힘들다. 좋은 습관은 많은 노력을 해야 내 것이 되지만 나쁜 습관은 노력할 필요도 없고 내 것이 되는데 시간이 얼마 걸리지도 않는다. 따라서 사랑하는 자녀가 성장하여 사회적이나 경제적으로 독립적으로 당당하게 살기 위해서는 어릴 때의 조기 경제교육이 반드시 필요하다는 점을 부모가 먼저 인식하고 자녀가 실천할 수 있게끔 교육해야 한다. 언제까지 자녀를 책임질 수가 없는 세상이다. 부모도 살기 만만치 않은 세상이다. 조기 경제 교육의 필요성을 알고 반드시 사랑하는 자녀에게 경제교육을 실천해 보자

마지막 사례는 어릴 때부터 부모의 경제 교육을 받은 아이와 받지 못한 아이가 어떻게 성장할지를 극단적으로 비교한 사례이다. 이런 사례를 통해 오늘 당장 내 사랑하는 자녀를 위한 조기 경제 교육의 큰 그림을 그려보자.

유비문환의 사례 　"결혼준비 끝났습니다"

대기업에서 일하는 이상석 씨는 현재 나이 32세로 대기업의 연구소에서 일하는 미혼의 능력 있는 남성이다. 대학 때부터 7년 동안 사랑을 키워왔던 임 양에게 지난 여름에 프러포즈를 하고 올 가을에 결혼을 하기로 하였다. 예식장도 알아보고 사랑하는 임 양에게 줄 예쁜 반지도 맞추고 두 사람이 보금자리로 살 아파트도 얼마 전 1억 원에 전세계약을 했다. 신혼여행은 발리로 가기로 하였다. 막상 결혼을 한다고 하니 부모님의 걱정이 이만저만이 아니었다. 아버님은 10년 전

에 명예퇴직을 하셨기 때문에 사랑하는 아들의 결혼을 경제적으로 지원하실 여유가 없으셨다. 퇴직한지가 오래 되셨기 때문에 두 분이 사시는 것도 만만치가 않으셨다.

어느 날 이상석 씨는 초등학교 3학년 때 이후로 한 달에 한 번씩 하는 가족회의 때 두 분에게 그동안 모은 통장을 보여 드리면서 부모님을 안심시켜 드렸다. "부모님은 이미 어릴 때부터 저에게 좋은 습관을 길러 주셨던 것으로 결혼 자금을 넉넉히 보태 주신 것이고 그때 부모님으로부터 배운 경제 교육과 그 때 생긴 좋은 습관 덕분에 결혼을 해서도 훌륭한 가정을 이룰 수 있습니다. 자녀가 태어나면 부모님이 저에게 해 주셨던 대로 자녀에게도 교육을 시킬 것입니다"라고 말씀 드렸더니 두 분 다 눈물을 글썽이면서도 환하게 웃으셨다.

부모님은 이상석 씨가 초등학교 3학년이 되자 용돈을 주시기 시작하셨다. 용돈 중에 30%를 반드시 저축하게 하였고 용돈 기입장을 쓰지 않으면 용돈을 주지 않았다. 어느 날 비싼 장난감을 사느라 그 달 받은 돈과 저축한 돈을 몽땅 써버린 후 학용품을 사기 위해 부모님에게 용돈을 추가적으로 요청했다가 받지도 못하고 된통 혼나기만 했다. 그 때 쓰고 싶은 것을 아무런 계획 없이 썼다가는 고통을 겪을 수 있다는 큰 교훈을 얻었다. 그 후에도 몇 번의 시행착오를 거쳤지만 중학교에 들어가서는 습관화가 되었고, 저축하는 돈이 불어나는 기쁨도 맛보았다. 대학을 졸업하고 직장에 들어갈 때 수중에는 이미 3,000만원이라는 거금이 모였다. 직장에 들어가서도 월급의 70%는 꼬박 꼬박 저축과 투자를 하였기 때문에 결혼 자금을 마련하지 못해서 결혼을 하고 싶어도 못하는 친구들과는 달리 걱정 없이 사랑하는 임 양과 결혼을 약속하며 행복한 미래를 꿈꿀 수 있게 되었다.

준비 없는 실패 사례　"결혼, 미뤄야겠습니다"

대기업에서 일하는 이상현 씨는 현재 나이 32세로 대기업의 연구소에서 일하는 미혼의 능력 있는 남성이다. 이상현 씨는 요새 고민이 많아 직장일도 제대로 못할 지경이다. 작년에 소개팅으로 알게 되어 사랑을 키워왔던 동갑내기의 오 양 집에서 결혼을 하라고 성화였다. 오 양의 아버님은 과년한 딸과 올해 안으로 결혼을 하지 않을 것 같으면 당장 헤어지라고 성화가 보통이 아니시다. 직장 생활을 하면서 모은 돈은 2천만 원이 채 안 되는데 이 돈 가지고는 방 한 칸도 얻기 어려울 것 같다.

이상현 씨의 아버님은 10년 전에 명예퇴직을 했기 때문에 사랑하는 아들의 결혼을 경제적으로 도와주실 여유가 없으셨다. 게다가 퇴직하신지가 오래 되셨기 때문에 두 분이 사시는 것도 만만치 않으셔서 경제적인 지원도 기대하기 어렵다. 어머님은 안절부절 못하시고 눈물만 글썽이신다. 게다가 오 양은 신세대 미혼 여성답게 초소한 조그마하더라도 아파트 전세 아니면 자기는 결혼을 안 하겠다고 한다. 아파트 전세를 알아보니 조그마해도 1억이 훌쩍 넘는다. 대출을 받아 결혼비용을 마련하려 해도 대출금액이 너무 크고 부모님이 사시고 있는 조그만 아파트를 담보로 대출을 받으려니 영 마음이 내키지 않는다. 또

설사 대출을 받더라도 요즘처럼 금리가 계속 올라가는 시기에는 매달 원금과 이자를 갚아 나가기에 벅찰 것 같다. 내일은 오 양에게 사정을 말하고 당분간 결혼을 못할 것 같다고 조금만 기다려 달라고 이야기 해야 할 것 같다.

삼남매의 늦둥이로 자란 이상현 씨는 어릴 때부터 유난히 귀여움을 많이 받고 자랐다. 할머니 할아버지를 비롯해 부모님도 이상현 씨가 사달라는 것은 무조건 다 사주었다. 게다가 나이 차이가 많이 나는 누나들이 직장 생활을 한 이후로는 누나들한테까지도 용돈을 받았기 때문에 대학을 졸업할 때까지 아쉬운 것이 없었다. 직장에 들어가서도 월급을 꽤 받았지만 친구들과 어울리고 데이트를 하느라고 매일 돈이 모자랐다. 게다가 직장 생활을 시작하면서 구입한 차에 대한 할부금도 아직 끝나지 않았다. 월급을 받으면 적금 30만원을 빼고는 신용카드 대금으로 다 나갔다. 어떤 달은 카드 한도가 다 차 현금서비스를 받기도 했다. 오 양을 만나면서 결혼에 대한 걱정 때문에 몇 번을 정신을 차리자고 다짐했지만 번번이 결심을 못 지키고 신용카드를 남발하였다. 부모님께서 어릴 때부터 요새 애들이 받는 경제교육을 시켜주셨다면 오늘날 이런 상황에 빠지지는 않았을 텐데 하는 생각이 들며 부모님이 약간은 원망스러워졌다.

내 계산을
잘 관리하거라

미국·일본의
부자교육 노하우

1930년대 미국의 카네기연구소가 인생에서 가장 중요한 키포인트는 무엇인가에 대해 실시한 조사에 의하면 '인간관계에 있어서의 능력'이 85%를 차지하고 그 외는 기술적인 관계로 국한되어 있다고 한다. 이처럼 인생의 성공적인 열쇠는 인간관계를 어떻게 구축해 나가느냐에 따라 결정되어진다는 것을 암시해 주고 있다.

3장
미국 · 일본의 부자교육 노하우

성공한 사람들의 이야기를 들어 보면 자기의 사업영역에서는 타의 추종을 불허할 정도로 성공을 거두었지만 진작 중요한 가족관계는 파행을 겪고 있는 경우를 종종 듣곤 한다. 특히 부를 가지고도 마음대로 할 수 없는 것이 바로 자녀교육이라는 것은 누구도 부인할 수 없을 것이다. 그 만큼 자식교육은 부모 뜻대로 되지 않는 것이다.

자식의 성공적인 삶을 기원하지 않는 부모들이 세상에 어디 있겠는가?

전 세계의 부모들이 자녀들의 성공적인 삶을 영의하기 위해서 노력하고 있지만 자녀들은 부모들의 기대에 부응하기는커녕 잘못된 길로 들어서는 경우가 종종 있다.

성공한 사람들이 자식교육을 중요시 여기는 것은 지금까지 자신이 쌓아온 지위와 부를 지킴과 동시에 보다 더 윤택한 삶을 자식에게 전해주고 싶은 마음일 것이다.

그렇다면 어떻게 해야 자녀를 효율적으로 교육시킬 수 있을지를 생각해보는 것은 당연한 일임에 틀림없다. 이 장에서는 어떤 방법으로 자녀교육을 시키는 것이 좋은지, 자녀교육의 구체적인 방법과 그 과정에 대해 살펴보고 미국·일본부자들의 자녀교육 사례를 소개한다.

1. 해외 사례를 통해 본 자녀교육의 원칙

1) 눈높이 금전교육이 중요하다

미국의 발명가인 에디슨은 세계에서 가장 많은 것을 만든 발명가로 1천 93개의 발명품에 대한 특허를 얻었다. 에디슨은 청각장애자였는데 학교에서는 학업능력이 없는 것으로 오해를 받아 퇴학을 당하기도 하였다. 우리는 에디슨의 어머니가 집에서 그를 직접 가르치면서 그의 재능을 발견하고 많은 도움을 주어 세계의 발명가로 양육시킨 것을 알고 있다. 부모는 자녀의 성장과정을 유아기부터 보살피고 양육하기 때문에 누구보다도 자녀의 성격이나 취미, 좋아하는 것이 무엇인지 알고 있다.

　그러나 부모는 자녀에 대한 지나친 기대감으로 자기가 이루지 못한 것을 자녀를 통해 이루고자 하는 보상심리로 자녀의 능력 밖의 것을 강요하고 있다. 가령 내 자녀가 남보다 뛰어난 경쟁력을 갖추기 위해 미술, 피아노, 바이올린, 수학, 수영, 축구, 오르다, 공작, 문화체험 등 셀 수 없을 만큼의 학원을 다니도록 아이에게 요구하고 있다. 이러한 모든 것은 오로지 좋은 대학 보내기 위한 것으로, 초등학교 시절부터 철저하게 자녀의 주권은 무시한 채 교육시키고 있는 실정이다.

　소위 일류대학에 가면 그 자녀는 성공한 삶이고 그렇지 못하면 실패한 인생이라고 가정해버리면 어느 누구든 비열하고 유치한 편법을 사용해서라도 일류대학에 들어가야 할 것이다. 물론 좋은 학력이 좋은 직업을 구하는데 도움이 될 수 있다는 것은 필자도 부인하지 않는다. 그러나 인성, 사회성, 도덕성은 무시한 채 오로지 공부에만 초점을 맞추어 자녀를 교육하다 보면 결국 이 자녀는 사회생활에 적응하는데 큰 어려움에 직면하게 될 것이다. 자기중심의 사고방식에 얽매여 살아왔기 때문에 남에 대한 배려 부족은 물론 사회성의 결여로 연결되어 사람과의 대인관계가 원만해 질 수가 없게 된다.

　자녀의 재능을 최대한 살리기 위해서는 그 아이의 재능 중에 가장 잘 하는 것이 무엇인지를 살피고 집중적으로 개발시켜 나가는 노력이 중요하다고 본다.

필자가 알고 있는 가정 가운데 초등학교(소학교) 자녀를 둔 두 가정의 사례를 소개해 보자. 미야코네 가정은 부모가 매일 미야코의 계획을 부모가 관리한다. 아침부터 저녁까지 미야코는 로봇처럼 쉼 없이 부모가 세워준 계획표대로 움직이면서 매일 생활하고 있다. 그래서인지 미야코는 항상 얼굴에 웃음이 없다. 항상 초조하고 뭔가 쫓기는 가운데서 생활하고 있다. 그 덕택에 학급에서 성적이 매우 우수한 편이다.

　반면 케이코네 가정은 부모가 케이코의 하루 계획을 케이코랑 같이 설계한다. 케이코가 할 수 있는 것과 하기 싫은 것, 좋아 하는 것, 꼭 해야 하는 것을 나누어 계획표를 짠다. 케이코의 부모는 케이코에게 공부를 잘 하라고 요구하지도 않는다. 단지 스스로 할 수 있도록 하라는 것이다. 그래서인지 케이코는 항상 명랑하고 성격이 쾌활한 편이다. 그렇지만 공부는 학급에서 중간급에 속한다.

　필자는 이 두 가정을 보면서 과연 우리나라 부모들은 어느 편에 서서 자녀를 양육하고 있을까 한 번 생각하여 보았다. 아마도 전자의 경우가 흔하지 않을까?

　물론 마음 같아서는 후자와 같이 자녀를 양육하고 싶지만 그렇게 하면 아이가 일류대학에 가지 못하기 때문에 전자의 방법을 선택할 수밖에 없다고 할 것이다. 과연 그럴까. 두 학생의 인생에서 누가 더 다양성을 가지고 어떠한 일에 대해 대처능력이 뛰어나겠는가? 미야코와 케이코의 성장과정을 보면 미야코는 케이코보다 공부를 더 잘

하겠지만 다른 능력은 케이코보다 뒤떨어지지 않을까 싶다. 과연 이 두 학생 중에 앞으로 미래사회가 요구하는 인재는 누구인지 독자 여러분이 생각해 볼 수 있을 것이다.

요즈음은 글로벌 경제 시대여서인지 이제 기업들도 과거의 학벌 위주의 인재선택보다는 글로벌경제에 적합한 인재를 선택하기 위해 노력하고 있다. 단순히 일류대학을 나왔다는 사실 하나만을 평가기준으로 삼기보다는 그 사람의 가치관, 인성, 대인관계, 성실도를 감안하여 직원을 뽑고 있는 실정이다. 이제 공부하나만으로는 좋은 기업에 취업할 수 없는 시대이다. 자녀의 미래를 생각한다면 그 자녀가 어떠한 환경에도 적응할 수 있는 다양성의 교육을 시켜나가는 것이 이젠 중요한 시대임을 잊지 말아야한다.

하버드대학의 교육학자 하워드 가드너(Howard Gardener)교수가 정립한 '다중 지능 이론'에 의하면 사람들은 신체 운동 지능, 자기 성찰 지능, 인간 친화 지능, 논리 수학 지능, 언어 지능, 음악 지능, 공간 지능, 자연 친화 지능 등 8가지가 있다고 한다.

이 중에 논리 수학 지능, 언어 지능은 우리 사회에서 수험생들을 평가하는 시험의 주된 측정 기준이며, 여기에 공간 지능이 더해지면 우리가 흔히 말하는 IQ(지능지수)의 측정 기준이 된다. 대다수의 부모들은 이 IQ지수에 관심을 가질 뿐 다른 지능에 대해서는 별 관심을 기울이지 않는다.

여러분의 자녀들을 다시 한 번 관찰해 보시라. 아마도 당신의 자녀들은 당신이 생각한 그 이상으로 다른 여러 가지 재능을 가지고 있다는 것을 깨닫게 될 것이다. 그 재능을 일깨우고 키워주어야 한다.

필자는 아이들에게 가끔 사람마다 각각 다른 재능이 있다는 것을 들려준다.

"운동을 잘하는 사람이 있는가 하면, 음악을 잘 하는 사람, 그림을 잘 그리는 사람, 만들기를 좋아하는 사람이 있다. 너는 앞으로 무엇을 하고 싶니? 이 세상에 행복한 사람은 자기가 좋아하는 것을 발전시키면서 가꾸고 노력하는 것이란다."

여러분의 자녀들만이 가진 장점과 재능을 찾아 격려하고 칭찬을 자주 하게 되면 그 자녀는 남과 다른 재능을 마음껏 발산함으로서 그 분야에서 성공할 수 있을 것이다. 그렇지 않고 자녀가 재능이 부족한데도 그 분야에서 억지로 경쟁하고 노력하게 되면 아이 가슴에 패배감과 열등감을 주어 오히려 악영향을 미치게 된다는 것을 명심해야 한다.

2) 간디 · 필립스 아카데미 · 유태인의 사례

자녀가 세상을 살아가면서 가장 많이 보고 느끼고 듣는 사람은 다름 아닌 부모이다.

부모는 자녀에게 제일 좋은 것으로 먹이고 입히고 재워주면서 공부 지상주의를 주장하지만 오히려 자녀는 부모의 그런 마음은 아랑 곳하지 않은 채 부모의 강요 속에 자기가 생활하고 있다고 믿는 경우가 흔하다. 부모가 자녀의 마음을 이해하지 않은 채 자녀에게 주는 강요는 자녀에게 상처를 주고 학습 능률을 저하시키며, 심지어 부모를 미워하게 만들 수 있다. 더 큰 문제는 이런 부모 밑에서 자란 아이는 좌절에 부딪힐 경우 쉽게 포기하기 때문에 실패를 이겨내지 못하게 된다는 것이다. 자녀를 훌륭하게 양육하기를 원하신다면 아이에게 그러한 환경과 여건을 만들어 주는 것이 무엇보다 중요하다고 본다.

아이를 똑똑하게 키우고 싶다면 부모가 먼저 습관을 고쳐야 한다. 마하트마 간디는 인도인의 정신적 지주이며 가장 존경받는 인물이었다. 간디의 교육은 교육을 받는 사람보다 교육을 시키는 사람의 변화가 더 중요하다는 것을 깨우쳐주고 있다.

하루는 한 아이의 어머니가 아들을 데려와 이렇게 부탁하였다.

"아이가 너무 단 설탕을 좋아하니 설탕을 끊으라고 타일러 주셨으면 합니다. 아들은 이 엄마의 말은 듣지 않으나 가장 존경하는 간디 선생님의 말씀은 순종하고 따르겠다고 하니 꼭 도와주시기 바랍니다." 하고 부탁하였다.

그러자 간디는 보름 뒤에 아들을 다시 데려오라는 말만 남기고 그 모자를 돌려보냈다. 보름 뒤에 그 모자가 다시 찾아오자 아이에게 간곡하게 아주 엄하게 설탕을 끊으라고 말했다. 그리고 그 이후 아이는 간디의 말대로 설탕을 끊었다 한다. 얼마 후 그 어머니가 간디를 다시 찾아와 아들의 버릇이 고쳐진 것을 감사하며 이렇게 물었다.

"선생님, 처음 왔을 때는 왜 보름 뒤에 다시 찾아오라고 말씀하셨는지요?"

그러자 간디는 "사실은 나도 그때 설탕을 좋아하고 있었다네. 건강에 좋지 않은 설탕을 나도 끊어야지 하면서도 실천을 하지 못하고 있는 중에 그러한 얘기를 들으니 내가 끊은 후 그 얘기를 해줄 수 있지 않겠는가? 자신도 하지 못하는 것을 남에게 강요할 수는 없지 않겠나?"라고 말했다.

대부분의 부모들은 '내 자녀가 공부도 잘 하고 말도 잘 듣는 아이였으면 하는 바람'은 누구나 가지고 있는 소망이다. 그렇지만 내 자녀가 부모의 말을 잘 듣지 않는다고 필요 이상으로 걱정하거나 화를 낼 필요가 없다. 자기 나름대로의 생각 없이 부모가 시키는 대로만 따라 하는 아이는 결코 창의적이고 기발한 생각들을 해낼 수 없기 때문이다.

미국의 명문학교인 필립스 아카데미의 사례를 통해 우리와 다른 점은 무엇인지에 대해 한 번 생각해 보자. 우리나라 부모들은 내 아이가 공부만 잘하면 일류대학에 진학할 수 있다고 믿고 있기 때문에 오로지 공부지상주의에 빠져 고등학교 시절까지 공부에만 전념하도록 강요한다.

그러나 필립스 아카데미는 공부만 잘 해서는 절대 들어갈 수가 없다. 왜냐하면 선발기준이 공부에 우선권이 있지 않고 사회봉사, 창의력, 향후 잠재력, 마음가짐 등에 의해 입학이 허락되기 때문이다. 이학교를 졸업한 이는 조지 부시 전 대통령, 조지 W. 부시 전 대통령, 젭 부시 플로리다 주지사, 미국의 초대 대통령 조지 워싱턴의 조카, 존 F. 케네디 전 대통령의 아들인 존 F. 케네디 주니어, 전 백악관 보좌관인 래니 데이비스, 신문 재벌인 제임스 오타웨이 등으로 미국의 영향력 있는 인사들이 이 학교에서 많이 배출된 것을 알 수 있다.

이 세상의 어떤 부모가 자녀의 성공을 바라지 않겠는가? 이 시간 이후 자녀의 성공을 바란다면 먼저 부모가 좋은 모범을 자녀에게 보여 주어야 할 것이다.

부모들은 좋아하는 드라마나 TV을 다 보면서 자녀에게 TV시청을 제한한다든지 공부하라고 요구한다면 과연 그러한 교육이 효율적일지 의문이다. 자녀의 TV시청이 공부에 방해가 된다면 과감하게 TV를 없애는 용기가 부모에게는 필요한 것이다.

자녀교육에 있어 가장 뛰어난 민족은 아마도 유태인일 것이다. 이들은 자녀교육에 있어 "배운다는 것은 흉내 내는 것에서부터 시작된다"는 교훈을 철저히 자녀교육에 적용시키고 있다. 그들은 자녀들이 하는 질문이 아무리 많아도 일일이 다 대응해주면서 자녀들이 이해할 때까지 대화를 나눈다.

또한 아이들이 돌맹이에 대해 관심을 보이면 돌에 대한 그림책이나 만화책을 사주고 관련 박물관을 데려가서 돌맹이를 관찰하도록 도와준다. 이런 경우는 어떤 특정 동물이나 국가에 대해서 관심을 보일 때에도 마찬가지로 아이가 이해할 때까지 옆에서 도와주는 역할을 한다. 그래서인지 유태인 자녀들은 매우 논리적이고 말을 잘할 뿐만 아니라 전문적인 지식습득과정도 아주 뛰어난 것을 알 수 있다.

절대 그들은 "왜 그런 걸 알려고 하냐? 그건 중요한 것이 아니야"라고 말하는 법이 없다. 이러한 훈련이 오늘날 유태민족들이 가장 많은 노벨상을 받게 된 원동력이 되었다는 것은 의심의 의지가 없다. 이제 나의 자녀가 올바르게 성장하기 위해서는 부모가 먼저 자녀의 모범자가 되어 좋은 습관을 실천하는 용기가 필요하다.

3) 휴스턴 경찰국의 못된 자녀만들기 십계명

미국 텍사스 주 휴스턴 경찰국이 제시한 '못된 자녀를 만드는 10가지 계명'은 요즘의 잘못된 금전교육 실태를 알 수 있게 한다.

못된 자녀를 만드는 10가지 계명

1. 아주 어려서부터 자녀가 갖고 싶어 하는 것은 무엇이든지 다 주어라. 그러면 그 아이는 온 세상 모든 것이 다 자기의 것이 될 수 있다고 오해하면서 자랄 것이다.

2. 자녀가 나쁜 말을 할 때면 그냥 웃어 넘겨라. 그러던 자기가 재치 있는 아이인 줄 알고 더욱 악한 말을 하게 될 것이다.

3. 신앙적으로 도덕적으로 어떠한 교육이나 훈련을 시키지 말고 스스로 알아서 하게 내버려 두어라. 그러면 고상함은 사라지고 동물적 본능만 강렬하게 나타날 것이다.

4. 잘못된 품행을 책망하지 말고 그냥 두어라. 그러면 자동차를 훔치고 교도소에 갇혀서 사회의 책망을 받게 될 것이다.

5. 자녀가 정돈하지 않는 이불, 옷, 신발 등을 정리해 주어라. 그러면 자기의 책임을 다른 사람에게 미루어 버리는 사람이 될 것이다.

6. 텔레비전 프로그램이나 책, 그림 등 어떤 것이든 마음대로 보게 하라. 그러면 그 마음은 쓰레기통이 될 것이다.

7. 자녀들 앞에서 자주 싸워라. 그러면 이 다음에 그들의 가정이 깨져도 당연한 것으로 여길 것이다.

8. 용돈은 달라고 하는 대로 얼마든지 주어라. 그러면 살아가는 동안 쉽게 부패하고 타락하는 길을 걷게 될 것이다.

9. 먹고 싶다는 것은 다 먹이고, 마시고 싶다는 것도 다 마시게 하라. 그리고 좋아하는 것은 무조건 다 해주어라. 그러면 한 번만 거절을 당하여도 곧 낙심해서 극단적인 행동을 하게 될 것이다.

10. 자녀가 교사나 경찰, 성직자의 의견과 대립될 때는 언제나 아이의 편이 되어 주어라. 그러면 건전한 사회가 모두 그 아이의 적이 될 것이다.

앞에 열거한 유형의 사람이 되지 않기 위해서는 우리의 자녀가 태어나면서부터 아이를 세심하게 관찰하고 사랑으로 보살피는 것이 무엇보다 중요하다. 부모의 입장에서 자녀를 돌보고 교육시키는 것은 부모의 의무이자 책임이다.

우리의 자녀가 사회에서 훌륭한 사회인으로서 성공적인 삶을 영위하기 위해서는 무엇보다 부모의 관심이 절대적인 것은 두말할 필요가 없을 것이다. 그렇다면 이들이 성인이 되기 전 유아기부터 중고등 시절까지는 부모가 이들을 교육하고 간섭하여 좋은 성인으로서 성장할 수 있도록 도와주어야 할 것이다.

2. 일본인의 부의 세습방법과 자녀교육

자녀교육의 중요성을 자녀가 인식하게 되는 시점은 이들이 성인이 되어 사회생활을 하게 될 때 틀림없이 느끼게 될 것이다. 자녀가 장성하였을 때 아마도 이들은 부모에게 물려받은 교육이 자신에게 얼마나 중요한 것인지를 깨닫게 되고 그로 인해 이들도 자기의 자녀에게 좋은 교육을 시키기 위해 노력하게 될 것이다.

일본의 성공한 부모들은 자녀의 성공적인 삶을 위하여 어떤 교육을 시키고 있으며 또한 자녀을 위한 부의 세습방법이 어떻게 이루어지고 있는지를 살펴보고 우리에게 시사하는 바는 무엇인지 한 번 생각해 보기로 하자.

1) 와타나베 사장의 자녀교육 사례

와타나베 사장은 엄마의 태 속에 있을 때부터 자녀에게 어떤 교육을 시킬지에 대해 궁리한 끝에 '부자(父子)간의 5가지 약속 항목'을 정해 자녀교육을 실시한 바 있다.

그는 사랑스러운 자녀를 어떻게 교육시키는 것이 가장 현명한 방법인지 궁리한 끝에 '부자간의 공부모임'을 만들었다. 그 모임은 매주 금요일 밤으로 정하였다. 물론 회사일이 바쁠 때는 다른 날로 대체하여 반드시 매주 한 번은 공부모임을 가졌다.

제일 첫 공부모임은 위의 자녀가 7살, 그 아래 동생이 5살 시기였다. 와타나베 사장은 회사의 대표이사로서 매우 바쁜 일정을 보내는 가운데서도 절대 이 공부모임을 빠지지 않기 위해 제일 우선순위를 두어 두 자녀의 교육을 위해 헌신적인 애정을 쏟아 부었다. 이 '부자 간의 공부모임'은 크게 세 가지로 분류되어 있다.

제 1부는 두 자녀에게 매일 일기 쓰기를 하게 한 뒤 그 일기장을 토대로 일주일 동안의 느낌과 힘들었던 때와 즐거웠던 시간을 표현력 있게 발표하도록 하여 세 사람이 같이 의견교환을 나누는 것이다.

제 2부는 자녀들이 선택한 도서를 가지고 미리 한 주간 내에 읽게 한 뒤 그 내용에 대해서 자녀들이 자기의 생각을 발표하도록 한 것이다.

와타나베 사장에 의하면 제 1부와 2부가 공부모임의 핵심이었다는 것이다. 왜냐하면 그는 공부모임을 통해 자녀에게 전하고 싶은 메시지가 바로 '강하게', '아름답게', '정직한' 사람이 되어 달라는 뜻이었던 것이다. 여기서의 '강하게'는 '자기 자신이 올바르다'라고 생각하고 결정한 것은 어떠한 일이 있더라도 최후까지 계속 밀고나가라는 것이다.

예를 들어 "전쟁은 국가가 사람을 죽이는 것이 바른 일이라고 가르친다. 그리고 전쟁에 협력하지 않는 사람은 반역자, 정신 나간 사람으로 몰아 부친다. 그러나 냉정하게 생각해 볼 때 전쟁은 하지 않는 편이 낫다. '모든 사람들이 전쟁이다' 하고 외칠 때에 '전쟁은 잘못된 것이다'라고 말할 수 있는 사람이 바로 진정한 남자의 강함을 나타낸다는 것이다. 이런 얘기를 들은 두 자녀는 '과연' 그렇구나 하고 동감하였다"는 것이다.

또한 '아름답게'는 타인의 기쁨과 슬픔을 같이 공유하여 진정으로 그 마음을 같이 나누어 나감을 의미한다.

마지막으로 제 3부는 학교공부의 이해를 돕기 위해 와타나베 사장이 생각하는 시간이었다.

예를 들어 초등학교 1학년~3학년 때는 학업의 기초시간이자 시작하는 시점이기에 매우 중요한 시기이다. 이 시기는 수학과 국어의 비중이 제일 높기 때문에 이 과목에 대한 기초를 쌓을 수 있도록 도와주는 일이다. 특히 이 시기는 학업의 기초과정이드로 모르는 것이 하나도 없을 때까지 가르치고 또 가르치는 것이다.

왜냐하면 이 시기는 배우는 과정의 가장 초기임에도 불구하고 목표의 90% 정도 이해시키면 되겠지 하며 '대충'이라는 개념을 아이에게 심어주면 곤란하다. 학년이 점점 올라 갈수록 모르는 내용은 더욱 늘어나기 때문이다.

따라서 '모르는 내용'이 하나라도 있어서는 절대 안 된다라는 인식을 자녀에게 강하게 심어주어야 한다. 그러면 자녀는 어떤 문제에 봉착했을 때 절대 그냥 넘어가지 않고 그 내용을 100% 이해할 때까지 해결하려는 감각을 몸에 익히게 된다는 것이다.

이와 같이 와타나베 사장은 '부자간의 공부모임'을 세 가지로 분류하여 아주 세세하게 그 자녀들과 의견교환을 하면서 자녀교육의 완성도를 높여나갔던 것이다. 특히 이 공부모임을 통해서 금전교육도 실시하였는데 그 내용은 구체적이며 현실의 적응도를 높인 교육이라 할 수 있겠다.

첫째, 먼저 돈의 사용방법으로서 돈은 절대 남에게 그저 주어서는 안 된다는 점을 강조하였다. 이 얘기를 듣고 와타나베의 자녀는 '돈을 어떻게 취급해야 하는지'에 대해 질문하게 되었고, 부모는 처음 돈이 생기는 과정부터 자녀의 이해도를 높이기 위해 차근차근 경제개념을 설명하였다는 것이다.

이 부모는 특히 돈은 일하지 않는 사람은 절대 받을 수 없다는 점을 강조했다. 왜냐하면 많은 부모들이 자녀에게 아무런 대가 없이 돈을 주고 있기 때문이다. 그렇게 되면 자녀들도 노동에 대한 수고를 알지 못한 채 성장하게 된다. 아무 수고 없이 계속 주는 돈은 자녀의 인생을 망치게 하는 지름길임을 명심해야 할 것이다.

둘째, 돈은 절대 타인에게 그냥 건네주어서는 안 된다는 것이다. 그냥 주어서도 빌려주어서도 안 된다는 점을 강조한 것이다. 왜냐하면 돈은 때에 따라서는 무서운 것이라 사람을 이간질하기도 하고 의리도 상하게 한다는 것을 가르친 것이다. 따라서 돈으로 인해 소용돌이에 휘말리지 말라는 교훈이었던 것이다.

셋째, 그리고 '돈은 도구와 비슷하다'는 점을 가르친 내용이다. 가령 돈은 사람들을 행복하게 만들어 줄 수 있으므도 매우 소중하게 사용해야 한다는 점을 강조하였다. 또한 돈의 사용으로 어려운 사람들을 행복하게 해줄 수 있다면 더욱 더 많이 사용하는 것이 좋다는 것을 인지시켜 기부의 가치를 이해시키고자 했다.

넷째, 마지막으로 "돈은 매우 소중한 것"이라고 강조한 점이다. 돈이 없으면 일상생활의 의식주 해결은 물론이거니와 학교에도 학원에도 갈 수 없다는 것을 자녀에게 인식시킨 점이다. 따라서 돈은 헛된 곳에 사용되어서도 안 되며 항상 가치 있는 곳에 사용되어야 함을 강조한 것이다.

이와 같이 와타나베 사장은 '부자(父子)간의 공부모임'을 통해 자녀의 가치관, 인생관, 공부 방법, 금전교육 등을 가르쳐 왔다.

그리고 그 자녀들에게 '부자간의 공부모임'의 귀결이기도 한 다섯 가지의 약속조항을 만들어 그대로 실천하도록 지금도 격려하고 있다는 것이다.

① 약속을 지키고 거짓말 하지 않는 자가 되자.
② 기분 나쁜 말을 하지 않는 자가 되자.
③ 항상 미소로 활기찬 모습으로 인사 하는 자가 되자.
④ 타인과 같이 즐거워하며 슬픔을 함께 공유하는 자가 되자.

⑤ 옳은 일이라고 결정한 것이라면 중도 포기하지 말고 끝까지 계속 밀고 나가는 자가 되자.

2) 일본인의 부의 세습 사례

우리나라에서는 '부자가 3대 가기 어렵다'는 속담이 있다. 물론, 우리나라에서도 부의 세습이 성공적으로 이루어진 예가 없는 것은 아니다. 경주 최부자집의 부가 300년간 10대에 걸쳐 지속된 예가 있다. 그러나 이는 아주 희귀한 예로 받아들여지고 있고, 한편으로 부의 세습이 그만큼 어렵다는 것을 증명해주기도 한다.

이웃 나라 일본도 예외는 아니다. 필자가 일본에서 유학하던 시절, 수학하던 대학의 교수가 다음과 같은 말을 했다. '한 세대의 부가 다음 세대로 이어지는 것은 최대한으로 말하면 100명 중의 한 명 꼴이다. 따라서 부가 3대까지 가는 경우는 1만분의 1에 불과하다.'

이는 부의 세습이 일본인에게도 얼마나 어려운 일인지를 단적으로 표현해주는 말이다. 일본은 지구상에서 한국과 가장 유사한 문화를 가지고 있는 국가이다. 한국과 일본은 여러 면에서 다른 점이 많지만, 세계의 어떤 국가에 비해도 유사한 점을 가장 많이 갖고 있는 나라이다.

일본의 부자도 한국의 부자만큼 자기의 부를 자식에게 물려주고,

나아가 물려준 부를 기반으로 해서 선대보다도 더 많은 부를 축척하기를 바란다.

이런 현상은 대기업은 물론이거니와 오히려 중소기업의 경영 승계과정을 보면 자주 접할 수 있다.

하나. 고기가 아니라 고기 잡는 법을 가르쳐라
– 아버지의 매로 부자가 된 미라이공업의 야마다 씨

지금부터 소개하려는 예는 선대의 사업을 이어받아 성공한 일본의 한 중견기업에 관한 사례이다. 그런데 이 기업이 선대 사업을 잇는 형태가 아주 독특하다. 그 기업은 다름 아니라 우리나라 매스컴에서도 소개된 적이 있는 미라이공업(未來工業)이다.

미라이공업의 창업자이며 현 명예회장인 야마다 아키오(山田昭男)씨는 한국능률협회 초청으로 우리나라를 방문해 강연한 적도 있다. 물론 미라이공업이 우리 매스컴에서 소개되었을 때는 이 글과는 다른 시각에서 조명되었다. 이 회사는 경쟁자가 쉽게 진입할 수 있는 로우테크(low tech) 분야에서 차별화 전략으로 일본의 대표적인 거대기업 마츠시타(松下)를 능가하고 자국시장의 많은 고객들에게 높은 평가를 받고 있는 기업이다. 미라이공업은 마츠시타보다 자본·기술 등에서 일천한 중소기업이었지만, 마츠시타를 따라잡기 위해 철저하게 고객편의의 입장에서 제품의 질과 기능을 끊임없이 개선하는 차별화 전략으로 일본 국내시장에서 마츠시다 제품보다 비싼 가격으로 판매되고 있다.

이런 성공의 원인을 규명하기 위한 작업의 일환으로 매스컴에서는 미라이공업의 독특한 경영 스타일을 집중적으로 소개하고 있다.

연말연시 휴가가 19일, 잔업은 제로이면서 경상이익은 매출의 15% 이상이고 직원월급은 지역에서 제일 높은 수준을 유지하고 있는 미라이 공업의 성공원인을 찾기 위한 노력들이 있는데, 막상 그 경영 스타일을 보고나면 엉뚱하기 이를 데 없다. 그래서 일본 국내에서조차 아주 특별한 케이스로 받아들여지고 있다.

미라이공업은 2006년 3월 결산 기준 매출이 247억 엔, 경상이익 33억 엔에 나고야증권거래소 2부에 상장되어 있다. 1965년 창업 당시 월 매출이 20만 엔에 불과하여 직원에게 월급도 제대로 지급하지 못하던 소기업이 지금과 같은 규모의 중견기업으로 성장했다.

이 기업의 창업은 선대 회사에서 독립하면서 시작됐다. 미라이공업의 창업자 야마다 아키오(山田昭男)은 창업 이전에는 그의 부친 회사에서 전무라는 직책으로 일하고 있었다. 젊은 나이에 높은 직책에 오르다보니 자만해져, 회사보다는 자신의 취미인 연극에 빠져 회사 일을 등한시하다 아버지에게 무일푼으로 해고당하고 만다. 해고당하자 당장 먹을거리를 걱정하지 않을 수 없는 처지로서, 생활하기 위해 연극동아리의 동료와 함께 창업을 하게 된다. 그런데 막상 창업을 하려고 보니 그가 가지고 있는 자산이라는 것이 배운 도둑질뿐인지라, 부친의 회사에서 일하면서 습득한 노하우, 지식, 경험과 인간관계를 바탕으로 부친 회사와 똑같은 사업을 시작한다. 다시 말하면 부친 사업의 경쟁자가 된 것이다.

결과적으로 아버지로부터 독립하여 아버지보다 더 성공하여 나중에는 아버지 회사를 흡수해버리지만, 이 사례는 일본 사람들이 혈연의 정보다는 회사의 생존을 우선시하고 있다는 것을 가늠할 수 있게 한다.

역설적이긴 하지만 미라이공업은 아버지의 가차 없는 냉철한 결단이 없었다면 세상에 존재하지 못했을지도 모른다. 눈에 보이는 부동산이나 현금 재산을 있는 그대로 물려주기보다는 자식에게 보이지 않는 보다 소중한 자산을 물려주는 것, 그래서 스스로 자신의 길을 개척해나갈 수 있도록 하는 것이 결국에는 자신이 일군 부(富)보다 더 큰 부를 생성해낼 수 있다는 것을 보여준다. 돈보다는 돈을 버는 방법, 돈을 벌기 위한 피나는 노력의 필요성을 자각하게 하는 것이 부를 지속시키는 데 필수불가결한 요소라는 것을 보여주는 단적인 예일 것이다.

이와 같은 예는 비단 중소기업뿐만 아니라 대기업에서 찾아볼 수 있다. 부의 세습이 성공적으로 이루어졌을 뿐만 아니라 선대보다 더 큰 부를 이룬 그 대표적인 예로 혼다와 도요타, 닌텐도가 있다. 세 기업은 우리들도 잘 알고 있는 세계적인 기업이다. 아래에서는 이 기업들의 부의 세습이 어떻게 이루어졌는지를 보자.

둘. 자녀의 호기심을 높이 평가하라
– 혼다 소이치로의 호기심을 높이 평가해준 대장장이 아버지

현재 우리나라에서 가장 잘 팔리는 수입 자동차 브랜드 중의 하나 가 '혼다'이다. 그런데 혼다자동차의 시작을 알면 놀랄 사람이 적지 않을 것이다. 오늘날 혼다자동차의 시작은 시골의 자동차 수리점에 불과하였다.

혼다의 창업자는 혼다 소이치로(本田宗一郎). 혼다의 전설적인 이 야기는 세계의 여러 유명잡지에도 많이 실렸지만, 특히 1980년도 미 국의 '피플'지는 그를 가리켜 '일본의 헨리포드'라고 격찬하기도 했다.

혼다는 대장장이 아버지와 옷감을 짜는 어머니 사이에서 태어났 다. 그의 아버지는 마을의 대장장이로서 그의 손에 들어가면 안 되 는 것이 없는 재주꾼이었다. 심지어 그의 아버지는 치과에서 사용되 는 틀니를 만들기조차 했다. 소이치로는 자전거 수리를 하는 아버지 의 일을 도우면서 소년시절을 보냈다.

그는 정규교육을 제대로 받지 못한 채 15살 나이에 도쿄로 상경해서는 지금으로 말하면 카센터인 자동차 수리점의 견습공으로 취직했다. 이 곳에서의 생활은 만족스럽지 못했지만 나중에 그의 성공에 있어 큰 밑거름이 된다.

그는 자동차 수리점에서 일하는 동안 경주용의 수리공으로 활약, 경주에서 우승하는 데 공헌하기도 했다. 그때 그의 나이 17살이었다. 22살에 고향으로 돌아와 자동차 수리점을 개업한다. 그러다 오토바이(모터사이클)의 엔진부품을 개발해내고, 다시 엔진을 만들어내고 그러다 오토바이를 생산하게 되고, 오토바이 사업이 성공하게 되자 자동차를 만들어내어 오늘날에 이르게 되었다.

오늘날의 혼다는 이렇듯 현 상황에 안주하지 않고 계속해서 새로운 것을 만들어내는 도전 정신에 의해 만들어진 것이라고 한다. 그런데 이와 같은 혼다의 도전정신은 그의 아버지로부터 나온 것이라고 해도 과언이 아니다. 혼다는 정규교육을 제대르 받지 못했지만, 어린 나이부터 아버지의 일을 도우면서 열심히 일하는 근면성과 기계에 대한 호기심을 아버지로부터 배웠다.

혼다의 어린 시절의 한 일화로 그가 11살 때의 일이다. '아트 스미스'라는 비행기 조종사가 일본의 한 군부대에서 비행기 곡예 쇼를 펼친다는 선전을 듣게 되었다. 그는 집안의 현금 박스에서 돈을 몰래 꺼내어서는 아버지가 팔고 있는 자전거를 허가 없이 빌려 타고,

집에서 20킬로미터나 떨어진 그가 한 번도 가본 적이 없는 비행장으로 향했다. 그러나 그가 가져온 돈은 비행기 탑승은 커녕 공연장에 입장도 할 수 없는 금액이었다.

그래서 그는 부대 주변의 나무에 올라 비행 쇼를 구경하고 돌아왔다. 소년 혼다는 야단맞을 준비를 하고 집에 들어갔으나, 모든 것을 아버지에게 이야기했을 때, 아버지는 그의 절도행위에 화를 내시기 보다는 그의 독창적인 결단성과 재치를 칭찬하였다고 한다. 아버지는 오히려 그의 기계에 대한 열정을 간파하고 그를 독려하였다.

이와 비슷한 예를 우리나라에서도 들은 적이 있다. 지금은 고인이 되었지만 우리나라의 유명한 기업가 중의 한 분이 고향에서 부모님이 판 소 값을 가지고 상경해서 오늘날 대기업을 만들어냈다는 이야기. 기업가에게는 결단성이라는 덕목이 필요한가 보다.

어찌 되었든 혼다의 사례에서 우리가 얻을 수 있는 교훈은 무엇인가? 자식을 성공시키는 원동력 중의 하나가 '부모의 혜안'이라는 것이다. 혼다 소이치로의 성공은 그의 재능, 그의 희망, 그의 열정을 꿰뚫어 보고 그가 원하는 것을 이해해주고 격려해준 아버지가 있었기에 가능한 것이었다.

주변 사람들의 삶의 방식, 생각에 휘둘리며 남들이 하니 나도 한다는 식의 교육이 아니라, 나의 자식이 무엇을 잘 할 수 있고, 무엇을 하고자 하는가를 발견하고, 나의 자식이 가진 재능으로 가장 훙

미를 갖고 할 수 있는 일을 하도록 하는 것이 얼마나 중요한가를 일깨워주는 사례다.

셋. 자식에게 도전 정신을 갖게 하라
- '한 사람이 하나의 사업(一人一業)'으로 자식들에게 도전 정신을 심어준 도요타 집안

세계 제1위 자동차 메이커인 도요타(Toyota). 도요타의 창업자는 도요타 키이치로(豊田喜一郎)이다. 그러나 오늘날 도요타의 시조는 키이치로의 아버지인 도요타 사키치(豊田佐吉)를 꼽는다. 그의 이름은 일본의 교과서에도 등장할 만큼 유명하다.

그는 당대 일본의 섬유산업에 의존하던 영국산 직기를 대체하기 위해 일본식 자동직기를 처음으로 발명하여 일본 섬유 및 기계 산업에 공헌하여 일본인들에게 매우 존경받는 사람이었다.

그는 어려서부터 발명을 좋아하여, "태평양에 섬을 만들어 일본 영토로 하겠다"고 호언했다고 한다.

그래서 사람들은 그를 '허풍쟁이 사키치(だぼらの佐吉)'라고 했다. 그는 해외에 자동직기가 있다는 말을 듣고 자기도 만들어 보이겠다고 호언하였는데, 결국 일본식 자동직기를 만들었을 뿐만 아니라 나아가 계속되는 연구개발로 초고속 전자동 'G형 자동직기'를 세계 최초로 만들기도 했다.

사키치는 그의 장남인 키이치로에게 '한 사람이 하나의 사업(一人一業)'을 역설하여 자신 스스로 새로운 사업을 일으키도록 독려했다. 그래서 키이치로는 대학을 졸업하고 거의 1년 동안 유럽과 미국을 시찰하면서 뉴욕의 빌딩을 가로지르는 자동차를 보고, 당시 일본에서는 생소한 자동차 사업을 하기로 결단하였다. 그러나 막상 자동차 사업을 시작하려고 하니 가족들의 반대가 심했다. 그러나 아버지 사키치가 운명하면서 '너는 자동차 사업을 해라' 라는 유언을 남겨 모험을 감행하게 되었다고 한다.

키이치로도 다시 장남 쇼이치로에게 '한 사람이 하나의 사업(一人一業)'을 강조하며 다른 사업을 하도록 독려했다고 한다. 아들을 독려하는 자리에서 그는 쇼이치로에게 "나는 자동차 사업에서 아무것도 한 것이 없다. 전부 부하들이 해준 것이다. 단지 나는 방직기에 모든 지식과 모든 노력을 다 기울였으나 세상은 사키치가 했다고 한다."

아들은 아버지의 이 말을 "네가 자동차(사업)를 했다고 해도 자동차하면 나(＝키이치로)라고 한다. 그러니 네가 무언가 하고 싶은 것이 있으면 자동차 이외의 사업을 하지 않으면 안 된다."로 이해하고, 주택사업을 하게 되었다. 쇼이치로는 전후 일본의 목조 집들이 타버린 장면을 보고 콘크리트로 집을 짓는 사업을 하여 성공한다. 물론 그는 능력을 인정받아 도요타자동차의 6대 사장을 지내기도 했다.

도요타의 사례에서 얻을 수 있는 교훈은 무엇인가? 한 마디로 현재의 성공에 안주하지 않는 기업가 정신이다. '한 사람이 하나의 사업(一人一業)'이라는 가훈처럼 되어버린 가르침이 도요타의 성공을 떠받쳐온 원동력이었다. 사키치가 아들에게 가업을 그대로 물려주었다면 오늘의 도요타 자동차는 탄생하지 못했을 것이다.

방직기의 개발은 일본 산업사에서도 그 의의가 매우 크다. 섬유 등 경공업에만 의존하던 일본의 산업 구조를 방직기 발명으로 인해 기계 등의 중공업 분야로 전환할 수 있는 가능성을 제공했기 때문이다. 그래서 그를 '일본 산업혁명의 아버지'라고도 하고, '일본의 발명왕'이라고도 한다. 직기제조 사업 하나만으로도 도요타의 역사는 몇 십 년간 계속될 수 있었다. 그러나 지금과 같은 세계적인 기업은 될 수 없었을 것이다.

새로운 산업의 태동을 보는 혜안과 더불어 그 사업을 과감하게 밀고나갈 수 있는 도전 정신이야말로 자손에게 물려줘야 하는 최대의 자산이 아닐까.

넷. 겸손한 자세, 기업의 존재 목적을 가르쳐라
– 자신의 성공을 하늘의 운으로 돌리는 닌텐도

독자나 독자의 자녀 중에 많은 사람들이 닌텐도 게임기를 사용했거나 사용하고 있을 것이다. 닌텐도의 시가총액은 10조엔(약 100조원)이고, 닌텐도의 사주 야마우치 히로시(山內 溥)는 그의 보유주식 가치가 1조엔(약 10조원)으로 일본 제1의 부자로 손꼽힌다. 그런데 닌텐도의 전신이 닌텐도골패, 즉 화투를 만드는 회사였다는 것을 알고 있는 사람은 많지 않을 것이다. 화투를 처음 만들고 일본에서 카드를 처음으로 제조, 판매한 회사였다.

창업자는 히로시의 증조부인 야마우치 후사지로(山內房治郎). 그는 원래 공예가였으나 놀이기구로 화투를 만들어 사업가로 성공했다. 그런데 그는 아들이 없어 데릴사위를 맞아들여 자신의 후계자로 삼았다. 공교롭게도 히로시의 조부도 아들이 없어 다시 데릴사위를 들였으나 돌연 집을 떠나 자취를 감추었다. 그래서 히로시는 조부의 손에서 자랐다.

와세다 대학에 다니던 중, 조부가 갑자기 쓰러지자 학교를 중퇴하고 가업을 잇게 되었다. 그런데 회사의 사정은 악화일로의 상황이었다. 다른 놀이에 비해 도박성이 강하다는 이유로 화투가 규제를 받게 되자 시장은 급속도로 축소되고 있었다. 어린 나이에 사장으로 취임하여 사원들의 저항을 받기도 하였지만, 조직을 정비하고 화투 대신 가족의 놀이 기구로 서양의 카드를 만들어 성공한다.

그는 오일쇼크로 인해 부도 위기에 처한 시기에, 전자 시대의 도래와 더불어 미래의 게임은 전자 게임으로 넘어갈 것이라고 판단하여 '파미콘'이라는 TV 게임을 개발하고, 나아가 포터블 게임기 '게임보이' 등을 속속 개발하였다. 또한 일본 국내 시장에 안즈하지 않고 미국에 진출하여 시장을 개척하여 오늘날과 같은 세계적인 기업으로 키워냈다. 한 가지 재미있는 점은 그의 후계자로 지목받던 사위를 제치고 게임소프트 개발자인 이와타 사토시(石田 聰)를 그의 후계자로 임명했다는 것이다. 그의 사위는 교토대와 MIT를 졸업한 대기업 상사맨이었다. 그런데 히로시 회장은 그의 스타일이 닌텐도 기업 정신과는 맞지 않는다는 이유로 그를 내치고 재미있는 소프트를 개발하는 특별한 능력을 지녔다는 이와타를 그의 후계자로 발탁했다.

히로시 회장은 닌텐도 성공 비결을 물으면 '자신의 능력이 아니라 운이 좋았을 뿐이다'고 말한다. 닌텐도(任天堂)라는 회사이름에 담긴 뜻도 하늘에 맡긴다는 뜻이다. 진인사대천명(盡人事待天命)이라는 말이 있다. 사람이 할 수 있는 일을 다 하고나서 하늘의 뜻을 기다린다는 것. 히로시 회장이 닌텐도의 성공을 기업의 경영능력으로 돌리지 않는 것은 현재의 성공에 안주하는 것을 경계하기 위한 것일 것이다. 즉, 치열한 시장의 경쟁에서 살아남기 위해서는 조금의 방심도 허락지 않는 끊임없는 노력만이 요구된다는 의미일 것이다.

한편, 히로시 회장의 말은 부를 자신이 만들어낸 것으로만 생각하지 않는 히로시 회장의 겸손한 자세를 엿볼 수 있게 한다. 닌텐도는 무차입 경영으로 유명한데, 무리한 사업 확장을 위해 빚을 지는 것을 싫어한다. 즉, 방만 경영을 허락하지 않는 것이다.

그래서 그의 사위가 시장을 확장하기 위해 많은 비용을 들이는 경영방식에 찬성하지 않았다. 가족에게 재미를 제공하는 제품을 만들겠다는 닌텐도의 원래 기업목적에 충실해야 한다는 것이다.

닌텐도는 부에 대한 겸손한 자세, 기업의 존재이유 및 목적을 잊지 말아야 한다는 기업가로서의 기본적 자세를 우리에게 가르쳐주는 좋은 사례일 것이다.

3. 성공하는 금전교육의 3가지 노하우

1) 대인관계를 잘 유지하는 방법

1930년대 미국의 카네기연구소가 인생에서 가장 중요한 키포인트는 무엇인가에 대해 실시한 조사에 의하면 '인간관계'에 있어서의 능력'이 85%를 차지하고 그 외는 기술적인 관계로 극한되어 있다고한다. 이처럼 인생의 성공적인 열쇠는 인간관계를 어떻게 구축해 나가느냐에 따라 결정되어진다는 것을 암시해 주고 있다. 이 연구결과를 뒷받침해 주는 조사가 미국의 고용·훈련·경영 연구소에 의해 진행되었다. 연구결과는 다음과 같다.

① 태도가 좋은 사람
② 커뮤니케이션 능력
③ 직업경력, 경험
④ 이전의 고용주가 평가한 내용
⑤ 지금까지 받아온 훈련내용
⑥ 학력

이 조사결과를 살펴보면 좋은 인재를 선택하는 결정적인 수단은 기술적 능력보다는 사람의 됨됨이 혹은 커뮤니케이션의 능력이 매우 높게 평가되고 있음을 알 수 있다.

이러한 인재가 될 수 있도록 자녀교육을 시킨다면 확실하게 그 자녀는 보다 성공적인 삶을 살 수 있으리라 생각된다.

일본에서 유학하던 시절 인간관계의 친밀감이 얼마나 중요한가에 대해 생각한 적이 있다. 필자가 아는 어떤 유학생은 학위를 마쳤지만 마땅히 갈 곳이 없어 곤란한 상황에 이르게 되었다. 그러나 그의 인간성이 그 위기를 극복하는 계기를 만들어 주었다. 평소 알고 지내던 일본회사의 임원과 매주 모임을 통해 왕래하던 중 자기의 전공과는 전혀 상관이 없었지만 일본의 임원이 어느 날 느닷없이 자기 회사가 사업의 확장을 위해 일본과 한국사정을 잘 알고 있는 인재를 물색하고 있는데 당신이 우리 회사의 한국지사장직을 맡아서 해주지 않겠는가의 제안을 받았던 것이다. 이런 제안을 하게 된 계기는 평소 일본 임원이 이 유학생의 인간 됨됨이와 성실함을 알고 있었기 때문에 가능한 일이었다.

오늘날 청년실업자가 점점 증가하면서 소위 명문대학을 나온다고 해도 취업이 보장되지 않는 현실에 우리는 살고 있다. 또한 좋은 직장에 들어간다고 해도 일본경제의 잃어버린 10년의 경우를 보듯이 언제 회사의 구조조정에 휘말리게 될지 아무도 모른다.

이 사례에서 보듯이 좋은 인간관계가 좋은 기회를 가져다준다는 사실을 명심하여 자녀의 인성교육을 가정에서부터 습관화시켜나간다면 그보다 더 좋은 교육이 없으리라 본다.

따라서 자녀들이 좋은 인간관계를 유지하도록 하기 위해서는 어린 시절부터 인사하기, 바른 습관가지기, 사회성을 높이기 위한 노력 등이 필요하다. 가령 가정에서부터 정직한 생활, 성실한 하루 일과 그리고 단체 생활 등의 체험을 통해 자녀의 인성과 사회성을 높여주도록 노력해야 한다.

2) 좋은 습관교육

"세 살 버릇 여든까지 간다"는 우리의 속담처럼 자녀에게 좋은 습관이 몸에 배도록 유년시절부터 교육시킨다면 이브다 더한 교육은 아마도 없으리라 본다.

부모는 자녀의 성공적인 삶을 위해 좋은 교육을 시켜 대학 졸업 후 보다 좋은 조건으로 취업하여 자기 자녀가 남보다 윤택한 생활을 하기를 원한다. 또한 자녀에게 많은 유산을 주어 자녀의 삶이 여유 있기를 바란다. 그러나 과연 이것으로 이들이 사회에서 풍족한 삶을 영위할 수 있을지는 의문이다. 이들이 진정 풍족하고 부자로서의 삶을 살도록 원한다면 이들에 많은 유산을 주는 것보다 부자 되는 원칙과 방법을 가르치는 것이 도움이 될 것이다.

그러기 위해서는 이들이 사회생활 하는데 가져야 할 원칙을 가르치는 일이 매우 중요하다. 즉 사회생활을 하는데 누구나 이런 사람이 되면 좋겠다 싶은 사람, 사회성이 뛰어난 사람이 되기 위해서는 어떤 교육이 필요한지, 인성이 좋은 사람이 되기 위해서는 어떤 교육을, 자녀가 가지고 있는 재능을 최대한 발휘하도록 하기 위해서는 어떤 교육을 시키는 것이 좋은지를 생각해야 한다. 사회성과 인성을 갖춘 자녀의 재능이 이 사회에서 부자 되는 비법이자 지름길이기 때문이다.

이러한 사회성, 인성, 재능을 갖춘 자녀로 양육하기 위해서는 어떻게 해야 할까?

① 단체생활의 체험을 통해 협동심을 몸에 익히도록 도와주자.
② 가정에서 윗 어른에게 인사하는 법을 가르치자. 즉 할아버지, 할머니에게 매일 전화로 안부인사하기 또한 이웃 어른에게 인사하는 습관이 자연스럽게 나오도록 교육시키자.
③ 남을 배려하는 모습을 가정에서 직접 체험하고 가르치도록 하자.
④ 자녀에게 재능이 발견되면 이를 키우기 위해 부모가 공부하는 진지한 자세를 가지자.
⑤ 거짓말 하지 않고 정직한 생활을 항상 생활화하도록 가르치자.
⑥ 가족여행을 통해 자녀의 리더십을 키우도록 하자. 가령 자녀가 여행의 계획표를 세우도록 해 잘못된 점을 보완시켜 자녀 스스로 계획에 따라 행동하는 자녀가 되도록 하자.
⑦ 자녀에게 사교능력을 배양시키자. 자녀가 친구들과 잘 지내도록 배려하여 어느 누구와도 잘 어울리는 아이가 되도록 항상 관심

을 가지도록 하자.

⑧ 자녀에게 인센티브 교육을 시키자. 자녀가 자기 능력 이상으로 어떤 일을 성취했을 때 그에 따른 보상을 주어 적극적인 자녀가 되도록 유도하는 교육이 필요하다.

3) 가정에서의 금전교육

우리나라에서는 학교의 교육방법과 내용에 대한 불만을 가진 이들이 많아서인지 사교육의 비중이 높아져 사교육비가 점점 급증하고 있는 추세이다. 이처럼 자녀의 성공적인 삶을 위해 많은 사교육비를 부담하면서까지 노력하고 있지만 진작 인생에 있어 필요한 돈에 대한 교육은 인색한 편이다.

학교에서는 세상의 지식을 가르치고 있지만 진작 학생들이 사회 생활하는데 가장 필요한 금전교육은 뒷전에 머물러 있는 실정이다. 많은 학생들이 돈에 대한 기초적인 지식이나 내용도 모른 채 졸업하고 있다. 이들은 '돈의 가치'가 사회에서 곧 승리의 방정식이 될 수 있다는 사실을 알지 못한 채 학교를 졸업하고 있다는 것이다.

오늘날 얼마나 많은 젊은이들이 신용카드의 연체, 사채금융의 덫에 빠진 채 절망적인 삶을 이어가고 있는지 모른다.

2007년 10월 29일 전국은행연합회에 따르면 9월 30일 현재 개인 신용불량자수는 8월말(341만2524명)에 비해 8만9373명(2.62%)이 늘어난 350만1897명을 기록했다고 한다. 9월 증가율도 지난 8월 (1.98%)에 비해 크게 증가한 것을 알 수 있다. 불량자 중 상당수가 대학생이어서 그 문제는 더욱 심각한 현상이다. 무분별한 카드사용과 신용불감증이 우리사회의 350만 명의 신용불량자를 양산시키고 있는 셈이다.

학교에서 체계적으로 지식에 대한 공부는 하고 있지만 실제 사회 생활에 필요한 금전교육은 이루어 지지 않고 있다면 그 교육은 가정에서 해야 할 부모들의 몫인 셈이다.

그렇다면 금전교육의 효과를 극대화시키기 위해서는 자녀들이 물건의 교환에 따라 돈의 가치가 측정되는 시점인 초등학교 시절부터 하는 것이 효과적일 것이다.

• 초등학교시절의 금전교육

대부분 이 시기는 자녀들이 물건의 교환가치를 인식하고 돈으로 구매할 수 있는 것이 무엇인지 느끼게 된다. 이 시기의 금전교육은 주로 용돈과 집안의 사소한 일의 대가로부터 시작되고 있다.

금전교육은 돈을 어떻게 하면 아주 효과적으로 관리할 수 있는지에 대한 방법을 자녀들에게 가르치는 것이다. 즉 헛된 곳에 낭비하지 않고 규칙적으로 저축하는 습관을 배양시켜 효율적으로 돈을 사용하도록 하는 것이다.

금전교육의 목적이 부모의 의도대로 진행되기 위해서는 자녀에게 용돈을 건네줄 때 몇 가지 사항을 반드시 환기시켜 주의를 주어야 한다.

첫째, 용돈으로 살 수 있는 것이 무엇인지 그 범위와 금액을 정해 주어야 한다. 일반적으로 지불되는 의식주의 비용, 학교에 들어가는 비용, 사교육비 등을 제외하면 자녀들이 구입하는 학용품과 외출시의 교통비, 군것질 비용, 자기가 좋아하는 완구나 캐릭터, 친구 선물 등은 용돈에서 지출하도록 하고, 자녀에게 해로운 쿨량식품(카라멜 등)은 인정하지 않도록 해야 한다. 특히 저학년일수록 용돈사용에 대한 부모의 간섭이 절대적으로 필요하다.

그리고 용돈 금액은 자녀의 나이에 따라 가정형편에 따라 다르게 줄 수 있다는 것을 이야기 해주는 것이 좋다. 자녀 나이가 10세 이상이면 가정경제의 전체적인 내용에 대해 설명해주는 것이 유익한 일이다. 우리 집의 가정경제가 이 정도이니 "너(자녀)에게 해줄 수 있는 것은 이 정도이다."하고 솔직하게 이야기해서 오해의 소지가 없도록 하는 것도 필요하다.

가정형편이 어려워도 아이들은 그 나름대로의 생각대로 용돈 이외의 돈을 벌 수 있는 발상을 할 수 있기 때문이다.

둘째, 용돈기입장을 반드시 기입하도록 한다. 용돈기입장을 기입하다보면 자기가 쓴 지출내역을 통해 무엇이 좋고 나쁜지를 알 수 있으며 또한 자녀의 관심과 취미가 무엇인지를 파악할 수 있는 자료가 될 수 있다.

처음 용돈을 받게 되면 대부분의 아이들은 아무런 계획 없이 충동구매를 한다든지 혹은 자기가 사고 싶은 것을 바로 사용해버려 일주일 용돈을 하루 만에 다 사용해버리는 경향이 있다. 용돈기입장은 무엇이 어떻게 잘못 사용되었는지를 파악하게 되므로 돈의 수지(收支)상황을 명확하게 알 수 있는 수단이 된다.

용돈기입장의 목적은 무엇보다 자기 자신의 소비성향을 알게 되며, 또한 헛된 곳에 얼마 정도가 지불되었는지 스스로 판단하여 돈의 관리방법을 익히는 것이다. 따라서 용돈 기입장은 아주 단순하게 들어오는 돈과 나가는 돈을 날짜별로 정리하는 것으로 시작하는 것이 좋다. 용돈기입장 적는 일이 어려워지면 아이들은 금방 싫증을 느끼기 때문이다.

여기서 주의할 점은 자녀들의 용돈기입장 내역을 반드시 부모가 체크해 주어야 한다는 것이다. 용돈기입장을 제대로 적지 않으면 다음 용돈을 삭감한다든지 해서 용돈기입장을 스스로 적는 습관을 어린 시절부터 몸에 익히도록 하는 것이 중요하다.

그러나 때로는 자녀가 충동구매를 하지 않고 꼭 필요한 곳에 용돈을 사용하였음에도 불구하고 용돈 부족현상이 자주 발생하는 경우가 있다. 즉 갑자기 학용품의 구입이 많이 발생한다든지 부모의 생일선물을 산다든지 해서 교통비조차 지불하지 못하는 사태가 발생하게 된다. 이런 상황에 직면하게 되면 아이 자신도 '자금지출의 계확표'가 필요하다는 것을 인식하게 되어 미래 상황에 대비하는 지혜가 생기게 된다. 이것이야말로 용돈기입장을 적는 목적이라 할 수 있을 것이다.

셋째, 친구들 간에 금전거래를 하지 않도록 주의시켜야 한다. 한창 성장 중에 있는 자녀가 돈으로 인해 친구 간에 손상될 수 있는 사태가 발생되지 않도록 교육시키는 것이 좋다.

이러한 내용을 주의시키고 난 후에는 자녀가 어디에 돈을 사용하는지 일절 간섭하지 않는 것이 좋다. 또한 잘못된 곳에 용돈이 사용되어졌으면 다음 용돈지급일에는 일부 벌금을 물려 용돈을 적게 준다든지 그에 상응한 벌칙을 주어야 한다. 이것은 머우 중요한 일이다. 왜냐하면 자녀가 잘못한 행동에 대해 아무 벌칙이 없다면 자녀는 용돈 관리를 잘 하지 않아도 그냥 넘어가고 만다는 인식을 심어주어 처음 의도한 금전교육이 실패해 버리기 때문이다.

넷째, 저축습관은 일생의 무기가 된다는 것을 강조하는 것이다. 저축하는 습관을 가지게 되면 인생을 살아가는데 매우 유익하다는 것은 부모인 우리 자신들도 잘 알고 있는 사실이다. 용돈 수입 중 여유가 생기면 저축한다고 하면 아마도 땡전 한푼 저축하기 힘들 것이다. 돈이라는 것은 사용하면 할수록 항상 모자라기 가련이다.

따라서 저축습관을 배양시키려면 용돈을 받는 즉시 저축하는 습관을 가지도록 교육시키는 것이 중요하다. 그렇다면 무엇 때문에 저축하는지 그에 대한 동기부여가 중요할 것이다. 인간은 자기가 좋아하는 것을 갖기 위해서 노력하는 것은 어느 누구를 막론하고 똑 같은 심정일 것이다.

가령 자기가 좋아하는 골프나 등산을 하기 위해 사람들이 일찍 일어나듯이 뭔가 목적의식이 분명할 때 그에 대한 동기부여가 된다는 것이다. 자녀들의 저축습관도 그렇게 될 때 저축금액이 점점 불어나게 될 것이다. 특히 어린 자녀에게 무엇 때문에 저금하는지에 대한 목적의식을 분명하게 해야 한다. 아이가 좋아하는 야구장에 가기 위해서 혹은 축구공을 사기 위해서 아니면 자기가 갖고 싶은 게임기나 캐릭터를 구입한다든지 해서 이러한 동기부여가 성공체험으로 이루어지면 저축습관이 자연스럽게 일어나게 될 것이다.

• 일본 10대들의 금전교육

일본의 한 신문사에서 2004년도 10대들의 소비패턴에 대한 조사에 의하면 패션(의류)을 으뜸(42.3%)으로 꼽았으며 CD(28.4%), 서적(28.3%), 영화(22.4%), 기타(콘서트, DVD 등)의 순으로 답했다. 그러나 그 이후 휴대폰의 보급이 확대되면서 용돈의 절반 이상을 휴대전화비로 지출하면서 이들의 소비패턴이 변화하고 있다. 일본 10대들의 지출내역을 살펴보면 성인과 비슷한 구조의 소비패턴을 가지고 있어 용돈수입보다 지출초과상황이 많이 발생하게 된다.

일본의 가계 컨설턴트로서 활동 중인 사카기 바라(Sakakibara) 작가에 의하면 10대들의 용돈 사용패턴은 크게 세 가지로 분류된다고 한다.

첫째, 명확한 저축습관을 가지고 있다. 이들은 미래에 대한 목표의식이 분명하여 그 목적달성을 위해 최선을 다한다는 것이다. 가령 대학에 가기 위한 등록금마련이라든지 혹은 자기가 좋아하는 오토바이를 사기 위해 돈을 적립한다는 것이다.

둘째, 친구 간에 항상 리더자가 되려고 하는 모험중시형의 지출습관을 가진다. 새로운 물건에 대한 호기심 혹은 친구에게 보여주기 위한 목적으로 지출하는 경향이 있다.

셋째, 타인의 관심을 끌기 위한 목적으로 사교적인 형태의 지출습관을 가지고 있다. 10대들은 비교적 이 시기에 타인에게 자신을 내세우기 위해 화장품, 의류비, 여러 가지 형태의 이벤트, 선물 등에 대부분의 용돈을 사용한다는 것이다.

세 가지 패턴 중에 부모들은 첫 번째 항목인 저축 습관형이 제일 바람직하다고 생각하지만 긴 안목으로 바라본다면 그 이외의 요인이 오히려 자녀가 성장하는데 있어 보다 더 큰 성공요소가 될 수도 있다.

이것은 세상의 변화에 따라 다양한 경험을 축적한 사람이 오히려 더 성공할 가능성이 높다는데 기인한다.

여하튼 10대들의 소비형태가 성인과 비슷한 형태로 진행되고 있어 보다 체계적인 금전교육이 필요한 시기이다. 만약 자신의 용돈수입을 고려하지 않은 채 고가의 상품구입이 지속된다면 돌이킬 수 없는 심각한 상황에 직면할 수 있다. 따라서 금전교육을 지도할 때에는 10대들의 소비구조의 차이를 고려해 구체적인 지도가 이루어져야 할 것이다.

그렇다면 가정에서 10대들에게 필요한 금전교육과 자녀교육은 어떻게 이루어져야하는지에 대해 한 번 생각해 보자.

① 10대들이 지출해야 할 내역을 명확하게 해두는 것이 좋다

서술한 바와 같이 이들의 용돈 중 절반 이상이 휴대폰 사용으로 지출되고 있다. 특히 휴대전화의 보급이 급속도로 퍼지면서 다른 소비(의류, 문화 등)가 줄어들면서 해당 산업이 크게 위축되었다는 미디어의 조사가 있었던 것처럼 휴대전화요금은 본인 스스로 지출하도록 하여야 한다. 이처럼 휴대전화를 비롯한 그 외의 필수품들이 점차 확대하면서 용돈수입 이상으로 지출내역이 많은 실정이다. 따라서 10대들의 소비내역을 자세하게 기록하도록 하는 습관을 지도하지 않으면 안 된다. 그리고 이때 주의할 점은 절대 휴대전화요금을 대신 부모들이 지불해서는 안 된다는 것이다. 전화요금의 미지불로 인해 휴대전화 사용중지라는 고통을 스스로 느끼지 않으면 잘못된 소비지출의 습관을 고칠 수가 없게 된다. 이러한 과정을 겪게 되면 점차 본인 스스로 휴대전화요금을 줄이기 위한 방안이 무엇인지 아니면 전화대신 문자사용 중심의 이용이나 혹은 사용의 절제 등 용돈수입에 맞추어 지출하는 습관이 몸에 배여지게 된다.

또한 고교 정도의 나이면 가정경제의 규모나 지출구조를 충분히 이해할 수 있으므로 가계의 지출내역을 보여주면서 이야기하는 것도 좋다. 가령 자녀에게 1년 동안 투입되는 의류비, 음식비, 교육비, 학원비, 용돈 등을 기록한 장부를 보이면서 부모가 자녀에게 얼마나 많은 돈과 노력을 하고 있는 지를 느끼게 하는 것도 좋은 금전교육의 한 방법이다.

그런 후에 용돈 지급을 3개월분, 혹은 6개월분, 1년치의 용돈을 한꺼번에 지불하여 본인 스스로 관리하도록 한다면 금전관리를 효율적으로 하게 될 것이다.

② 신용시스템의 교육이 이루어져야 한다

2008년 9월 인기 탤런트 안재환 씨의 자살 소동으로 세상이 떠들썩한 바 있다. 무리한 사업 확장으로 차입한 은행 대출금을 감당할 수 없는 지경에 이르자 이를 변제키 위해 사채업자로부터 돈을 빌리면서 그 이후 자금압박을 받자 극단적인 선택을 하게 되었다는 것이다. 이처럼 남의 돈을 빌리게 되면 그에 따른 의무와 책임이 따르게 된다. 이 의무를 지키지 않으면 결국 그 피해는 본인 나아가서는 가족에게까지 영향을 미치게 된다.

청소년 시기에는 돈의 수입에 비해 지출내역이 훨씬 많은 편이다. 따라서 자기도 모르게 물건에 대한 욕구가 지나치게 되면 수입보다 매우 비싼 물건을 구입하게 된다. 그 이후 이것을 감당하지 못해 엄청난 피해를 입는 경우를 우리는 언론을 통해 자주 접하게 된다. 그렇다면 우리의 자녀가 이러한 함정에 빠지지 않기 위해서는 신용의 양면성에 대해 가르치지 않으면 안 된다.

첫째, 신용카드 사용법에 대한 이해를 높이자. 인터넷의 발달로 이제 전자화폐의 시대에 살고 있는 시점에서 청소년들에게 신용카드 사용을 하지 못하도록 교육시키는 것보다는 합리적인 신용카드 사용법을 가르치는 것이 도움이 된다.

특히 신용카드는 본인 소득의 범위 안에서 돈을 사용한다는 것을 주지시켜야 하며 그에 대한 주의사항을 일러주는 것이 좋다.

- 신용카드를 분실하면 즉시 신용카드회사에 신고하거나 경찰서에 접수하도록 한다.
- 신용카드 암호는 타인이 쉽게 알 수 없는 번호로 변경하도록 한다.
- 매월 신용카드의 청구서를 살펴보고 자기의 소비습관을 살펴보고 맞게 지출되었는지 확인하여 개선시키도록 한다.
- 신용카드는 절대 남에게 빌려주어서도 빌리지도 말아야 한다는 것을 교육시켜야 한다. 신용카드의 지불의무는 신용카드 소유주에게 있다는 것을 주지시켜야 한다.

따라서 신용카드의 개념을 가르치기 위해서는 직불카드나 충전식 신용카드를 자녀 명의로 만들어 그 한도 내에서 사용토록 하는 것이 좋다. 충전식 선불카드란 신용카드와 동일한 기능을 갖고 있지만 충전용 계좌에 입금돼 있는 금액 한도 내에서만 사용이 가능한 카드이다.

예를 들어 부모가 자녀에게 10만원의 용돈을 준다고 하면 4만원은 현금으로, 나머지 6만원은 충전카드에 충전해 줄 수 있다. 이렇게 함으로써 자녀는 정해진 한도에서 신용카드를 사용하는 습관을 기를 수 있게 된다. 카드 1매당 1회 충전한도와 사용한도는 50만원으로 제한되어 있으며, 또한 과도한 현금서비스 인출이나 신용구매의 가능성이 적고, 카드사 홈페이지를 통해 충전 시기와 잔액, 사용내역 등을 열람할 수 있어 자녀 교육용으로 매우 편리하다.

국내에서 대표적인 충전식 선불카드로는 삼성카드의 '올앳카드'와 신한카드의 'Pre①카드'가 있으며, 연말에 신용카드 소득공제도 함께 받을 수 있어 자녀 신용교육과 함께 1석 2조의 혜택을 누릴 수 있다.

둘째, 소비자 금융을 포함한 금융지식에 대한 이해를 높이자.

서술한 바와 같이 청소년 시기는 돈의 씀씀이는 점점 증가하고 있지만 수입내역은 부모의 용돈에 의존할 수밖에 없어 친구간 돈거래 혹은 음성적인 방법으로 돈을 벌려고 하는 욕구에 빠지기 쉽다.

따라서 이들이 성인이 되기 전 소비자 금융에 다한 이해를 높여 돈의 무서움을 철저하게 교육시켜야 한다. 가령 돈을 빌릴 때에는 이자가 붙게 되고, 그 이자는 제때 갚지 않게 되면 이자가 이자를 가져다 주는 복리의 개념이라든지, 신용불량자가 되면 취업은 물론 앞으로 사회인으로서 살아가지 못한다는 사실을 깨닫게 해야 한다. 또한 친구 간에 의리로서 해준 보증이 나중에 문제가 되어 일생을 후회 속에 살아갈 수도 있다는 것도 교육시켜 나가야 한다.

그리고 보험에 대한 이해도 넓히도록 하자. 보험은 사회생활 하는데 최소한의 보증수표로서의 구실을 한다는 것을 이해시키고 자기의 소득 수입 중 일부라도 괜찮으니 보험가입을 권유해야 할 것이다. 왜냐하면 보험은 생활하면서 돌발적인 상황이 발생했을 때 사회의 낙오자로부터 해방시켜주는 힘의 원동력이 되기 때문이다.

나아가서는 은행 적금과 증권의 적립식펀드에 대한 개념도 이해시켜 향후 돈을 어떻게 불려나갈 것인지 이에 대한 계획표를 작성해보는 것도 좋은 경제교육이 될 수 있다.

③ 경제신문을 읽히자

청소년 시기에는 어느 정도 돈의 흐름에 대한 이해가 가능하다. 따라서 초등학교 시절부터 용돈기입장을 통해 용돈의 유출입에 대한 개념이 되어 있다면 조금 나아가서는 경제지식의 이해를 높이는데 주력해야 한다.

최근 대학생들에게 설문조사하면서 느낀 점은 대다수의 학생들이 경제신문보다는 스포츠신문을 더 선호한다는 것이다. 경제신문을 보지 않는 이유는 내용 파악이 어렵고 흥미유발이 되지 않는다는 데 기인한다. 그렇지만 경제신문으로 얻어지는 지식이 자기의 인생을 좌우하고 결정한다는 것을 알게 되면 신문에 대한 접근방법이 달라질 것이다.

경제신문에는 미래에 대한 트렌드, 자산관리방법, 세계경기흐름, 재테크노하우 등의 내용이 매일매일 게재되고 있지만, 이를 제대로 활용하지 못하는 것은 그 만큼 유년 시절부터 신문보는 습관이 안 되어 있기 때문이다.

따라서 청소년 시절에 신문 보는 습관을 체계적으로 해 나간다면 어느새 자기의 미래에 대한 청사진을 그리게 될 수 있게 되며 돈에 대한 개념도 이해하게 된다. 물론 이를 도와주고 관리하는 것은 부모의 책임인 것은 두말할 나위가 없을 것이다.

청소년들이 경제체험하기, 신문구독하기, 경제공부 등에 흥미를 가질 수 있도록 부모들의 관심 어린 노력이 필요하다.

저금리 시대의
부자 되는 자산관리 요령
(Wealth Management)

자산관리는 Trade 보다는 Invest의 시각으로 접근해야 하고, 산술평균 보다는 기하평균을 높이는 투자 포트폴리오 구성을, 마지막으로 일시적인 높은 수익률을 추구하기 보다는 꾸준히 시장의 표준수익률을 상회하면서 주가하락기에 탄력적으로 관리할 수 있는 자산관리 시스템을 구축하는 것이 핵심 포인트라고 할 수 있다.

4장

저금리 시대의 부자 되는 자산관리요령
(Wealth Management)

1. 부모가 깨우쳐야 할 자산관리의 컨셉

자녀들에게 부자 되는 법을 가르치려면 부모로부터 부자 되는 법을 배우고 자산관리를 몸에 익혀야 된다.

자산관리란 단기 투자 위주의 '재테크'보다는 중장기적으로 계획적이고 효율적인 운용을 통해 내가 보유하고 있는 자산을 점점 늘려나가는 것을 말한다. 판단력과 기억력이 살아 있는 순간까지 돈을 불리고 싶은 것은 사람의 본능이기 때문이다.

필자가 지금까지 수많은 상담을 해 오면서 느낀 점은 부자가 되는 데 있어서 부동산이나 금융상품 같은 구체적 투자수단보다는 앞으로 어떻게 내 자산을 관리할 것인지 하는 계획과 사후관리가 더 중요하다는 것이었다.

모든 투자수단은 상승기가 있으면 하락기가 있기 마련인데 단기적 마인드로는 한두 번은 성공할 수 있지만 꾸준히 내 자산을 불려나가기는 어렵기 때문이다. 특히 요즘같은 저금리 시대에는 부모 먼저 자산관리의 중요성을 깊이 인식해야 한다.

이 시대의 자산관리는 수익성을 높이는 수단인 주식,부동산,파생상품 등 다양한 투자상품이 존재하고, 경제상황과 금융환경의 변화에 따라 수익이 큰 만큼 손실의 리스크도 상존하기 때문에 계획 수립단계에서부터 세심하게 접근할 필요가 있다.

일반적인 자산관리의 고려사항에는 수익성, 유동성, 안정성의 세 가지가 있는데 각각의 특성에 대해 알아 보자.

① 수익성 : 금융기관별로 수많은 상품이 있고 수익률도 제각각이기 때문에 최소한 일정수준 이상의 수익성을 고려해야 한다.

② 유동성 : 급전이 필요할 때 수시로 찾아 쓸 수 있는 것이 좋다. 대표적으로 부동산의 경우 아무리 수익성이 높더라도 자금이 묶여 있다면 유동성이 떨어지게 된다.

③ 안정성 : 하루아침에 원금을 다 까먹는다면… 자산관리에 있어서 꼭 고려해야 하는 사항은 얼마나 안정적으로 자금이 운용되는가 하는 점이며, 지나치게 투기적인 것은 피하는 게 좋다.

◉ 금융상품별 비교

구 분	수익성	안정성	유동성	비 고
정기예금 및 적금	낮음	높음	낮음	중도해지시 수익률 저하
부동산	높음	보통	낮음	현금화가 어려움
주식	높음	낮음	높음	고위험, 스트레스
뮤추얼펀드	낮음	보통	낮음	펀드에 따라 수익률에 차등
채권, 선물	보통	높음	낮음	전문지식 필요

자산관리는 안정성을 담보로 수익성과 유동성을 추구해야 한다. 무리하게 주식투자를 하다 보면 어느새 깡통계좌가 되어 있듯이 만에 하나 자산손실이 생길 경우 회복하기도 어려울 뿐더러 정신적으로 큰 스트레스를 받을 수 있기 때문이다.

따라서 부동산이나 주식에 올인하는 스타일의 투자는 가급적 지양하고 계란을 한 바구니에 담지 않는 것처럼 자신의 투자성향에 맞게 입체적 포트폴리오를 구성해서 분산투자하는 것이 바람직하다. 설령 주변의 사람들에 비해 단기적으로 투자수익률이 낮을 수는 있어도 장기적으로 보았을 때 마음 편하게 안정적으르 순자산을 늘려나갈 수 있기 때문이다.

아울러 자산관리는 절대 혼자서 성공할 수 없다고 한다. 먹고 사는 문제도 바쁜데 수시로 변하는 경제상황과 금융환경 속에서 개인이 충분한 정보를 가지고 진행하기 어렵기 때문이다. 따라서 자산관리에 성공하려면 나에게 맞는 재무목표를 세우고 그것을 실천할 수 있게끔 꾸준히 관리해야 하는데, 여기서 필수조건이 바로 전문가를 만나 도움을 받는 것이다. 자산관리는 쉼표는 있어도 마침표는 없기 때문에 전문가와 함께 안정성을 잣대로 삼아 자산관리 계획을 세우고 꾸준히 관리해 나가는 것이 자산관리의 컨셉이다. 살아 있는 마지막 순간까지 필요한 것이 바로 자산관리이기 때문이다.

2. 부모가 인식해야 할 향후 투자환경 전망

우리나라의 대표적 투자수단은 은행, 부동산, 채권, 주식의 4가지로 압축할 수 있는데, 각각의 투자수단에 대해 필자가 바라본 중장기적 전망을 부모님들께 전해드리고자 한다.

1) 향후 금리전망

금리에는 정책금리와 시장금리의 2가지 큰 흐름이 있다. 정책금리란 인플레이션이나 부동산 경기, 경제성장률 등을 감안해서 정부에서 인위적으로 관리하는 금리를 말하며, 시장금리란 자본주의의 논리에 입각해서 자금의 수요와 공급이 일치하는 균형금리를 말한다. IMF 이후의 초 저금리 상황은 대표적인 시장금리의 전형으로 인식되나 전문가들이 보는 시각은 현재 우리나라의 시장금리는 5~6%대가 적정하다고 한다. 즉, 정부에서 여러 가지 이유로 금리인상을 조절하고 있다는 뜻이다.

우리나라 금리 추이

- 1970년대 : 30%대
- 1980년대 : 20%대
- 1990년대 : 10%대
- 2008년대 : 5%대

2006년과 2007년 들어 정부에서 콜 금리를 지속적으로 인상했다. 하지만 2008년 1년 만기 정기예금의 평균금리는 여전히 연 5%대이다. 금융기관마다 선 보이는 5% 이상의 예금은 소위 말하는 '특판 예금'으로 고객의 자금을 유치하기 위한 미끼상품의 성격이다. 그래서 아직도 인플레이션 대비 금리가 낮은 수준이기 때문에 은행에 돈을 넣어 두면 손해를 보게 된다.

이러한 금리기조가 앞으로는 어떻게 변할까? 필자가 보기엔 정부에서 인위적으로 잡고 있는 것은 분명히 한계가 있기 때문에 조금씩 오를 것으로 판단된다. 정책금리를 계속 유지하는 것은 자본시장의 왜곡을 초래할 수 있어 중장기적으로는 대한민국 경제에 악영향을 끼칠 가능성이 높기 때문이다.

따라서 향후 3~5년을 내다 보면 시장금리에 점점 근접할 것으로 예상된다. 하지만 시장금리에 접근한다 하더라도 수익률 면에선 인플레이션을 초과하기는 어렵기 때문에 은행상품의 수익성은 그다지 좋지 못할 것으로 생각된다.

2) 향후 부동산 전망

이제까지 대한민국 부동산 시장의 예측은 '신(神)의 영역'이었다라고 해도 과언이 아니다. 우리나라 부동산시장은 정부와 각계 각층 전문가들의 예상과는 달리 '부동산 불패 신화'를 계속 이어 왔다. 2008년의 부동산에 대한 시각은 그야말로 천차 만별이다. 무조건 오를 것이라는 '부동산 불패파'와 상투를 잡고 있기 때문에 일본처럼 부동산 장기불황에 빠질 수 있다는 '부동산 필패파'가 첨예하게 대립하고 있는 상황이다.

이런 상황에서 향후 부동산 시장 전망을 예측하기란 무척 어려운 일이다. 그래서 필자는 자본주의의 핵심 논리, 즉 수요와 공급 차원에서만 견해를 밝히고자 한다. 부동산은 다른 재화와 달리 공급이 정해져 있다. 즉, 희소성의 원칙이 적용되는 재화인데 그렇기 때문에 수요와 공급의 법칙이 100% 통용되는 시장이다. 일례로 강남의 아파트는 한정되어 있는데 수요가 많다 보니 웬만한 아파트는 10억을 호가한다.

하지만 앞으로는 어떻게 될까? 수요가 계속 늘어날까? 아니면 감소할까?

필자가 보기엔 공급은 정부정책에 따라 좌우될 수 있겠지만 수요는 반드시 줄어들 수 밖에 없다고 본다. 가장 큰 이유는 '고령화, 저출산'의 인구구조이다. '고령화, 저출산' 문제로 부동산을 살 수 있는 경제인구가 갈수록 줄어드는 상황에서 부동산 가격이 앞으로 계속 상승할 수 있겠느냐는 논리다.

베이비붐 세대 퇴직 임박 대책 필요

[머니투데이 김양현기자] 약 810만 명에 달하는 우리나라의 베이비 붐 세대(1955~1963년에 태어난 세대)가 7~8년 뒤 정년을 맞을 것으로 예상돼 이에 대한 대비책 마련이 시급하다는 지적이 제기됐다. 베이비 붐 세대는 1955년부터 63년 사이 출생한 세대를 말한다.

정후식 한국은행 조사국 부국장은 1일 '일본 베이비 붐 세대 퇴직의 영향과 정책대응' 이라는 연구보고서에서 "일본의 베이비 붐 세대(1947~1949)가 2007~2009년에 정년을 맞게 돼 노동력 부족과 연금재정악화 등 경제 및 사회 각 부문에서 커다란 충격이 예상된다" 며 이같이 밝혔다.

하지만 일본 정부 및 기업은 정년 연장, 기능전수 제도 개선 등으로 충격을 최소화하려 하고 있어 고령화의 급속한 진전에도 불구하고 퇴직에 따른 큰 위기는 없을 것으로 내다봤다.

보고서는 또 우리나라의 경우 약 810만 명에 달하는 베이비 붐 세대가 총인구의 16.8%로 매우 높은 수준으로 57세에 퇴직한다고 가정할 때 2012~2020년 사이 정년을 맞게 될 것으로 예상했다. 특히 일정 연령에 도달한 인력을 능력 및 경력 등과 관계없이 퇴출시키는 관행이 정착되고 있어 대규모 퇴직사태가 3~4년 후로 앞당겨질 가능성도 제기됐다.

보고서는 베이비 붐 세대의 대규모 퇴직이 경제에 미치는 영향을 면밀히 분석하는 한편 이를 토대로 정년 연장 및 연금지급연령 상행 조정 등 제도개선 문제를 검토할 필요가 있다고 지적했다. 초고령화사회 (2006. 6. 25)

박스의 신문기사만 보더라도 향후 수 년 이내에 800만 명에 달하는 실버세대가 은퇴를 하게 된다. 은퇴한 실버세대가 강남이나 분당에서 살 필요가 있을까? 오히려 교외의 전원주택이나 실버타운을 선호할 것이다. 여기에 낮은 출산율까지 합쳐 지면 향후 10년 정도만 지나도 수도권의 인기가 떨어지는 지역은 '슬럼화'가 될 지도 모른다.

따라서 부동산 시장은 앞으로 '부익부 빈익빈' 현상이 심해질 것으로 판단되기 때문에 아파트 한 채가 재산의 전부인 우리나라 대다수 국민들은 지금부터라도 선진국처럼 부동산 보유 비중을 줄이고 금융자산을 늘리는 노력이 필요하다. '계란을 한 바구니에 담지 않는다'는 투자의 격언처럼 부동산에 올인했다가 부동산 경기가 하락하게 된다면 헤어 나오기 힘든 늪에 스스로를 가두는 격이 될 지도 모르기 때문이다.

3) 향후 채권 전망

채권은 은행 예금상품보다는 항상 높은 수익을 낼 수 있는 금융상품이다. 예금금리보다는 대출금리가 높기 때문인데 수익률이 좋은 반면 선뜻 투자하기란 다소 부담이 가는 상품이다. 채권 투자에는 각종 옵션이 많고 안정성도 잘 살펴보아야 하기 때문이다.

채권은 안정성이 핵심인 상품인데 채권투자도 잘 못 하면 원금 손실을 입을 수 있다. 채권은 금리와 불가분의 관계에 있는데 금리가 올라가면 채권 수익률은 떨어지고, 금리가 내려가면 채권 수익률은 올라간다.

예를 들어 연 6%의 이자를 지급하는 5년 만기 10억 원짜리 이표채에 투자했는데 몇 달 후에 시중금리가 떨어져서 연 5% 채권만 발행된다고 가정해 보자. 당연히 먼저 구입해 둔 채권의 가치는 나중에 발행된 채권보다 높을 것이다. 이 채권을 팔아서 현금화하면 5년 치의 이자 차이에 해당하는 수익을 얻을 수 있다. 반대로 시중금리가 올라서 연 7%의 채권이 발행된다고 생각하면 기존의 채권을 사려는 사람이 없기 때문에 현금이 필요해서 팔 경우 손해를 입게 되는 것이다. 따라서 만기보유가 아니라 투자의 측면에서 채권을 구입하는 사람은 향후 금리 변화에 대해 심각하게 고민해 보아야 한다.

향후 금리는 앞서 언급한 대로 정책금리에서 시장금리로 갈 것이라는 전문가들의 의견이 지배적이기 때문에 채권투자는 중장기적인 면에서 보았을 때 득보다는 실이 많을 것으로 예상된다.

4) 향후 주식 전망

지금까지 부모님들이 먼저 아셔야 할 금리, 부동산, 채권의 시장 전망에 대해 알아 보았다. 단기적인 재테크가 아니라면 재테크 수단의 개별적 호재, 악재 보다는 대세를 볼 필요가 있는데, 중장기적 대세는 결국 '주식'으로 귀결될 것이라는 게 많은 전문가들의 공통된 시각이다. 500조원이 넘는다는 시중 부동자금이 어떤 재테크 수단으로 몰리느냐에 따라 중장기적 향방이 결정되겠지만, 앞으로의 금융환경 변화를 예상해 보면 돈이 갈 데가 결국 주식 밖에 없다고 생각된다.

〈참고자료〉

"한국 주식수요 꾸준히 늘것"

인구 구조상 변화로 주식에 대한 수요가 2008~2020년까지 꾸준히 지속될 것이라는 주장이 제기됐다.

김경록 미래에셋투신운용 대표는 9일 그랜드 하얏트 호텔에서 열린 '미래에셋 자산배분 포럼'에서 "한국은 40대 30대 50대 순으로 주식보유 비중이 높은데 퇴직연금과 주가 상승 등으로 주식 보유연령이 늦춰질 가능성이 있다"고 말했다. 일본이나 한국 자산구조는 부동산과 예금에 편중돼 있다.

일본은 부동산 비중이 74%, 금융자산 비중이 26%다. 한국은 부동산 비중이 83%, 금융자산 비중이 17%다. 이는 미국 부동산 비중 30%, 금융자산 비중 70%에 비교할 때 크게 대조된다. (매일경제 2006.5.24)

실물 수요 증가가 계속되면 실물가격 상승과 거품 붕괴, 고령화 비용 증가 등 악순환이 나타날 수 있기 때문에 금융부문 증가와 수익률 향상이 필요하다는 지적이다.

은행 금리는 너무 낮아서 계속 묶어 두기 어렵고, 부동산은 향방을 점칠 수 없으며, 금리가 조금씩 오르는 추세에서는 채권 투자도 생각하기 힘들다. 결국 남은 것은 주식 뿐인데 요즘엔 적립식 펀드라는 간접 투자 방식도 정착되어서 은행에 저축하러 가면 대부분 적립식 펀드를 권해주는 게 일반화 되어 있을 정도다.

여기에 자본주의 논리인 '수요와 공급의 법칙'을 생각해 보면 공급(주식회사의 상장)은 일정하거나 소폭 증가하는데 비해 수요는 점점 늘어나는 형국이므로 중장기적으로 보았을 때 미국처럼 대세 상승할 것이라는 데는 이견이 없다.

이상으로 4대 투자 수단에 대한 향후 전망을 점검해 보았는데, 주관적이든 객관적이든 앞으로 '주식'을 빼 놓고는 재테크를 이야기하기 힘들 것으로 생각된다. 일반적으로 한 국가의 경제성장의 시기에 맞추어 각각의 투자수단이 각광받게 마련인데 후진국일수록 돈이 귀하기 때문에 금리가 높다.

다음으로 경제가 성장함에 따라 금리가 떨어지면서 채권이 뜨게 되고 부동산 또한 소득증가와 더불어 큰 폭의 수익을 낼 수 있다. 이런 과정을 거쳐 선진국의 문턱에 다다르면 마지막으로 주식이 뜨게 된다. 우리나라의 경우는 이미 모든 과정을 거쳤다고 판단되며 마지막 남은 투자수단은 주식 밖에 없다는 것이 필자의 생각이다. 따라서 평생 동안 해야 하는 자산관리에 있어서 위험자산인 주식에 상당 부분 포트폴리오를 편입시킬 필요가 있다. 너무 안정성 위주로 자산 운영을 하다 보면 주가 상승에 따른 상대적 박탈감을 느낄 수 있기 때문이다.

하지만 주식은 부동산 만큼이나 어렵고 복잡한 투자수단이다. 어느 종목에 어떤 방식으로 투자해야 하는지, 공부하면 공부할수록 판단을 내리기 어렵다. 먹고 살기도 바쁜데 밤 새워 가며 고민할 것인가. 정답은 전문가에게 맡기는 것이 최선의 방법이라는 것이다. 요즘은 각 금융기관별로 전문가들이 진을 치고 있다. 전문가와 상담을 하고 고객 본인의 성향에 맞게 상품을 선택하면 된다

다만 여기서 주의할 점은 대한민국은 기름 한 방울 안 나는 수출입 의존도 90% 이상의 전형적 무역국가라는 것이다 즉, 유가나 환율, 각종 원자재 가격의 변동에 따라 국가경제가 흔들릴 수 있고 미국, 일본, 유럽, 중국과 같이 묶여 있기 때문에 글로벌 경제의 불안에도 주가는 크게 출렁거릴 수 있다.

주가는 미래를 알 수 없기 때문에 '신(神)의 영역'이라그도 표현하는데 필자의 생각엔 우리나라의 주가가 대세상승을 하긴 하는데 크게 출렁거리며 할 것으로 예상된다. 즉, 단기적 투자로는 고수익을 올리기 힘들 가능성이 높다는 뜻이다. 따라서 부자가 되려면 주

식에 투자하되 단기적 급등락을 의식하지 말고 장기적으로 투자하는 것이 훨씬 유리하다.

여기에 목돈 투자보다는 적립식으로 투자하는 것이 Cost Averaging 효과(평균매입비용 감소 효과)로 인해 수익을 더 극대화 할 수 있다. 적립식으로 장기 투자하면서 시간의 마술과 복리효과를 극대화하는 것, 이것이 평범한 일반인도 부자가 될 수 있는 비결이다.

3. 부모들에게 꼭 필요한 자산관리 고려사항

필자가 FP(Financial Planner)를 처음 시작했을 때는 주로 일반인들을 많이 만났지만 요즘은 내공이 많이 쌓여서 주로 부자들을 만나고 있다. 부자를 만나면 "자산관리는 주로 어디에 맡기십니까?"라는 질문을 꼭 하는데, 대다수의 부자들은 주로 은행의 PE(Private Banker)나 증권의 FA(Financial Advisior)에게 맡기고 있었다. 수많은 상담을 통해 필자가 느낀 점은 부자들 역시 즉흥적인 자산관리를 하는 경우가 많다는 점이다. 이른바 뒷북치기식 투자인데 예를 들어 어떤 주식이나 펀드가 뜬다는 소문을 들으면 그 상품에 투자를 한다. 그런데 이런 식의 투자는 '도 아니면 모' 스타일이다 보니 결과가 좋거나 아니면 나쁘거나 둘 중의 하나다. 필자가 만난 어떤 부자의 경우 모 은행의 PB가 잘 한다는 소문을 듣고 찾아갔다고 한다. 가서 2억 정도를 맡기고 테스트를 해 보니 결과가 좋아서 그 다음에 5억, 10억으로 금액을 올리다 신뢰감이 들자 30억을 맡기게 되었다. 결과가 어떻게 되었을까? 30억이 25억으로 줄어 들어서 난리법석을 부렸다고 한다.

이 말은 주식이든 펀드이든 오르락내리락 출렁거림이 있기 때문에 분산투자 시스템을 갖추지 않고서는 금융환경에 따라 일희일비할 수 밖에 없다는 뜻이다.

그 어떤 전문가도 투자의 흐름을 100% 맞출 수는 없다. 더구나 단기 금융기관인 은행과 증권의 경우는 기본적으로 1년 단위로 평가를 받기 때문에 중장기적 자산운용보다는 단기적 자산운용에 더 강점이 있다. 그래서 필자는 중장기적 자산관리의 성공을 위해서는 은행, 증권보다 중장기 금융기관인 보험회사 FP가 더 낫다고 생각한다. 미국의 경우 총 펀드 판매량의 약 60% 정도를 특정 금융기관에 소속되지 않은 독립적인 FP가 취급하고 있다. 앞으로 우리나라의 경우도 자본시장통합법, 한미 FTA 등이 시행되면 FP에 의한 본격적인 자산관리 문화가 도입될 것으로 예상된다. 자산관리는 1~2년이 아니라 10년, 20년을 해야 하므로 자산관리 전문 FP와 함께 계획을 세우고 실천해 나갈 것을 권해 드린다.

다음으로 중장기 자산관리에 있어서 꼭 고려해야 하는 사항에 대해 알아 보자.

1) Invest vs Trade

'투자' 라는 단어를 영어로 하면 'Invest' 인데, 우리나라 국민들은 투자를 'Trade' 로 생각하고 있다. 'Trade' 는 싸게 사서 비싸게 파는 것을 의미한다. 주식이든 부동산이든 싸게 사서 가격이 올랐을 때 팔아 차익을 남기면 투자에 성공했다고 하는 것이다. 이런 투자의 콘셉트는 '재테크' 라는 단어에도 내포돼 있다. 재테크는 '財' 와 'Technic' 이 합쳐진 말로 테크닉을 잘 구사해 자산을 늘린다는 뜻이다.

즉, 단기적 의미가 강하게 들어 있는데 이렇게 투자를 단기적으로 생각하다 보니 순간적으로는 수익이 나도 5년, 10년을 보면 좀처럼 순자산이 늘어나지 않는 경우가 비일비재하다. 남들 주식은 다 오르는데 내 주식만 떨어지고 남들 아파트는 다 뛰는데 나 아파트만 제자리인 것과 유사하다. 즉, 신(神)을 제외하고는 단기적 출렁거림을 알 수 없기 때문에 투자는 기본적으로 '장기' 라는 개념이 필수적이다.

필자가 생각하는 투자란 '투자의 맥락에 장기적으로 내 자본을 투하해서 대규모 이익을 창출하는 것' 으로 요약할 수 있다. 즉, 단기적인 변동에 연연하지 않고 내가 세운 자산관리 목표가 꾸준히 달성되도록 지속적으로 투자하는 것이 필요하다. 여기서 고민할 부분은 과연 향후 '투자의 맥락' 이 무엇일까 하는 점이다. 앞 장에서 언급했듯이 예금, 채권, 부동산, 주식 중 앞으로 대규모 수익을 거둘 수 있는 투자수단은 주식 밖에 없다는 것이 대다수 전문가들의 공통된 견해다. 그러면 앞으로 어떤 주식이 유망할까?

일반적으로 인당 국민소득 2만 달러까지는 물질적 풍요를, 2만 달러 이후부터는 정신적 풍요를 추구한다고 한다. 우리나라도 2만 달러 시대에 진입하고 있는데 벌써부터 웰빙이나 레저 같은 삶의 질을 올리는 사업들이 각광을 받고 있다. 따라서 앞으로 유망한 신성장주는 환경, 바이오, 제약, 레저, 에듀케이션, 엔터테인건트, 헬스케어, 투자금융, IT 등 인간의 삶의 질을 올려 주는 업종들이라고 전문가들이 예상하고 있다. 그런데 이런 종류의 회사는 제즈업이나 중화학

공업과는 달리 회사가 껍질 뿐인 경우가 많다. 사람의 두뇌와 기술을 이용해서 매출을 올리는 기업들이므로 필자가 보기엔 바야흐로 전문가에 의한 간접투자의 시대가 본격적으로 열릴 것으로 생각된다. 이런 종류의 회사들을 개인이 분석하고 판단하기 너무 어렵기 때문이다.

결론적으로 투자의 맥락인 주식에 장기적으로 내 자본을 투하해서 대규모 수익을 거두기 위해서는 개별 종목보다는 향후 유망한 회사들을 편입하고 있는 펀드에 투자하는 것이 합리적이라고 정리할 수 있다. 장기투자에 능한 펀드매니저를 찾아내 순간적인 출렁거림을 의식하지 않고 장기적으로 투자하는 것이 필자가 생각하는 '투자의 요체'이다.

2) 산술평균 vs 기하평균

얼마 전 세계적 투자의 귀재라는 워렌 버핏이 한국을 방문했다. 기자회견장에서 어떤 사람이 "3개월에 1,000%의 투자수익률을 냈다고 하는데 사실입니까?"라는 질문을 해서 세계 제일의 부자를 웃게 만들었다고 한다. 참고로 워렌 버핏은 "주식을 사지 말고 회사를 사라"라는 모토로 유명한 장기투자의 귀재이다. 이 질문에 대한 답변은 "저는 매년 25% 정도의 수익률 밖에 내지 못했습니다. 다만 40년 동안 냈을 뿐입니다."였다.

2007년 들어 중국펀드나 일부 배당주펀드들이 연 수익률 100%를 낸 적이 있다. 고수익이 난다고 소문이 도니까 묻지마 투자자들이 북새통을 이루는 모습이 연출되었는데 이런 뒷북치기식 투자행태를 필자는 '빠칭코식 투자'라고 부르고 싶다. 어떤 투자수단이던 오르막이 있으면 내리막이 있기 마련인데 신이 아닌 이상 계속 오르막만 탈 수는 없기 때문이다. 고수익의 환상에 젖어 남들 하는 대로 따라 하다 보니 빠칭코에 당첨됐을 때는 고수익이 나지만 당첨되지 않을 때는 큰 손해를 볼 수 있다. 내 투자수익률이 50%가 나도 남이 100%를 냈다면 배 아파 하는 것이 우리나라 투자자들의 속성이다. 자산관리는 장기적으로 좋은 결과를 도출하는 것이 목적이기 때문에 이런 단기적 빠칭코식 투자로는 성공하기 어렵다

우리나라에 들어 와 있는 외국투자자본(헤지펀드) 중에서 유명한 '론스타'라는 펀드가 있다. 외환은행 매각 건으로 세간의 이목을 집중시킨 적이 있는데 사실 헤지펀드는 투기자본이라기 보다는 투자자본의 성격이 더 짙다. 헤지펀드는 소수의 투자자들에게서 투자의 전권을 위임받아 벤치마크 수익률 이상의 수익률을 올리는 투자자본을 말한다. 참고로 미국계 헤지펀드의 요구수익률은 연 7% 정도라고 한다. '미국 금리 + 3%' 정도의 수익률이면 헤지펀드 투자자들이 만족한다는 뜻이다. 다만 1~2년이 아니라 중장기적으로 계속 수익률을 기록해야 펀드가 유지된다.

선진국인 미국 투자자들의 요구수익률이 연 7%대라면 우리나라의 경우는 인플레를 감안하여 연 10%면 만족할만한 수준이라고 생각된다. 매년 10%씩 꾸준히 수익이 나도 7년만에 투자원금이 두 배가량 늘어난다. 하지만 이 정도 수익률에 만족하는 투자자는 거의 없는 실정이다. 주식이 강세장이다 보니 웬만한 펀드도 보통 수십 퍼센트의 수익을 올리기 때문이다. 하지만 주식은 강세장이 있으면 약세장이 온다는 것을 잊지 말아야 한다. 최근 들어 선풍적 인기를 끌고 있는 브릭스펀드의 경우도 불과 얼마 전까지 마이너스 수익률을 기록했다. 따라서 안정적이고 꾸준한 수익률을 통한 순자산 증식이라는 자산관리의 컨셉을 이해하고 실천하려면 '화려한 투자'와 '현명한 투자'의 차이점에 대해 고민해 볼 필요가 있다.

고등학교 수학시간에 배운 '산술평균'과 '기하평균'이라는 단어가 있다. 사전적 의미로는 너무 복잡하므로 간단히 정리해서 말하면 '단순평균'과 '복리평균' 정도로 생각하면 된다. 예를 들어 A라는 투자자와 B라는 투자자가 각각 1억원의 투자금으로 동시에 투자를 시작했다고 가정해 보자. A는 성격상 큰 수익률을 원해서 주식편입 비율이 높은 투자를 했고 B는 안정적으로 꾸준히 수익이 나는 포트폴리오를 선택했다.

A는 투자 첫해에 60%의 수익이 났으나 다음해에는 -30%, 다시 다음해에는 +60%의 수익률로 6년간 했고, B는 처음부터 꾸준히 15% 정도의 수익률을 냈다. A와 B의 단순평균은 둘 다 똑같이 연

15%지만 복리평균인 기하평균으로 비교해 보면 A는 6%를, B는 15%를 기록했다. 이를 투자금액으로 환산하면 A는 1억을 투자해서 6년 뒤에 1억4천만원이 된 반면 B는 6년 뒤에 2억3천만원이 되어 있다.

◉ **화려한 투자와 현명한 투자** (단위 : 백만 원)

연 도	0	1	2	3	4	5	6	산술평균	기하평균
A의 수익율		60%	−30%	60%	−30%	60%	−30%	15%	6%
B의 수익율		15%	15%	15%	15%	15%	15%	15%	15%
A의 자산	100	160	112	179	125	201	140		
B의 자산	100	115	132	152	175	201	231		

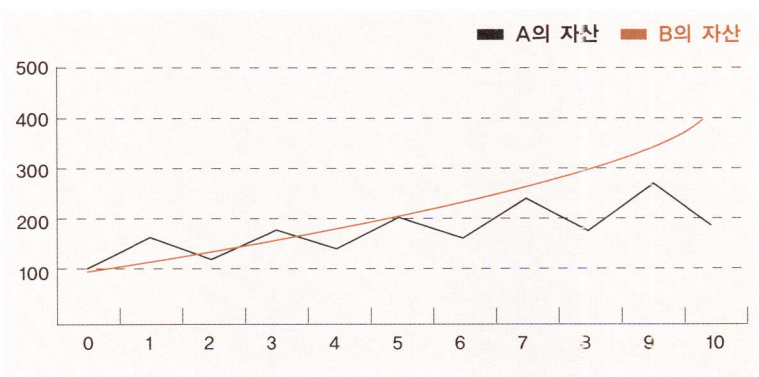

우리나라 투자자들은 산술평균을 좋아한다. 전 세계에서 가장 성격이 화끈하기 때문인데 그러다 보니 주식의 출렁거림을 극복하지 못해 장기적으로 보면 기하평균이 낮아지게 된다.

세계적 투자의 귀재인 워렌 버핏도 연 25% 정도의 수익율을 올렸을 뿐이지만 무려 40년 동안 이어지다 보니 세계 제일의 부자가 되었다는 사실을 주목해야 한다. 앞으로 우리나라도 10년, 20년 뒤엔 주가지수 1만 포인트 시대를 열 것으로 예상된다. 이러한 투자의 황금기를 산술평균이 높은 투자를 할 것인지, 아니면 기하평균이 높은 투자를 할 것인지 현명한 투자자의 선택이 요구되는 시기다. 장기적으로 기하평균을 높이는 투자가 바로 자산관리의 요체라고 할 수 있다.

3) 수익률의 함정 vs 수익률의 마술

2007년 들어 주식시장이 사상 최고치를 기록하면서 바야흐로 전 국민이 주식투자의 열풍에 휩싸이게 되었다. 일부 펀드의 경우 연 수익률이 100%를 기록하기도 했는데 어느 종목 또는 어느 펀드에 투자했느냐에 따라 수익률도 천차만별이었다. 이런 상황이다 보니 연 수익률 20~30% 정도는 명함도 못 내미는 분위기가 연출되었는데, 필자는 이런 현상을 일컬어 '수익률의 함정'에 빠졌다는 표현을 하고 싶다. 사실 그 어떤 종목이나 펀드도 매년 높은 수익을 낼 수는 없다. 작년에 수익이 나빴어도 올해 좋을 수 있고, 작년에 좋았어도 올해 나쁠 수 있는 것이 주식의 속성이다. 그래서 일반적 상식을 뛰어넘는 수익률은 경계해야 한다. 'High Risk, High Return'의 법칙 때문인데, 수익률이 높을수록 반대로 손실도 클 수 있기 때문이다.

수익률의 함정이란 우리나라 투자자들처럼 높은 수익을 선호하는 사람들이 범하기 쉬운 오류를 말한다. 예를 들어 1억원을 투자했는데 100%의 수익이 났다고 가정하면 2억원이 된다.(수수료 제외) 매우 기분이 좋겠지만 주식은 오르막이 있으면 내리막이 있기 마련이다. 만약 다음해에 마이너스 50%가 났다면 투자금은 어떻게 될까? 얼핏 생각해 보면 수익 1억원이 반으로 줄어들어 1억5천만원이 되어 있을 것 같지만 실제로는 '2억 곱하기 -50%' 해서 1억원으로 줄어들게 된다. 이익이 100%가 났어도 손실이 50%만 나게 되면 다시 원금이 된다는 뜻이다. 여기에 수수료를 감안하면 실제로는 원금 이하가 된다. 즉, 투자는 수익률을 높이는 것도 중요하지만 손실이 나지 않게 안정적으로 관리하는 것이 더 중요하다는 뜻이다.

필자가 이런 상담을 진행하면 반론을 제기하는 부모님들이 있다. 손실이 나기 전에 환매하면 되지 않느냐는 것이다. 이론적으로는 가능할 것 같지만 현실은 틀리다. 주식시장의 흐름은 신의 영역이기 때문에 어느 누구도 예측할 수 없을 뿐더러 최고점에 대한 추억이 남아 있다 보니 전문가의 도움 없이는 환매시기를 정할 수 없기 때문이다. 예를 들어 1억원을 투자해서 1억5천만원이 되었는데 갑자기 주가가 빠져서 1억4천만원으로 줄어 들었다면 어떻게 하는 것이 가장 좋을까? 뺄까 말까 고민하고 있는데 다시 1억3천만원으로 줄어든다면 또 어떻게 할 것인가. 1억3천까지는 고민할 수 있지만 1억2천으로 줄어든다면 그때부턴 뺄 수 없게 된다. 1억5천에 대한 추억이 강하게 남아 있기 때문이다. 그러다 1억이 되고 7~8천만원이 되

면 신세를 한탄하게 되고 "1억2천일때 뺄 걸"하면서 스스로를 학대
하게 되는 것이다.

주가는 오를 때는 천천히 오르다가 빠질 때는 갑자기 빠지는 경향
이 있다. 시장에 참여한 투자자들의 불안심리 때문인데, 그래서 목
표수익률을 정하고 포트폴리오로 관리하지 않으면 내 자산이 주가
에 따라 급격하게 불어났다 줄어 들었다를 반복하게 된다. 이른바
'수익률의 함정'에 빠진 것이다. 따라서 자산관리는 '수익률의 함
정'에 빠지지 않도록 목표수익률을 보수적으로 정하고 금융환경의
변화에 적절하게 대응할 수 있는 포트폴리오 구성이 매우 중요하다
고 할 수 있다.

'수익률의 함정'에 대비되는 말로 '수익률의 마술'이라는 용어가
있다. '수익률의 마술'이란 적은 수익률로도 상대적으로 높은 수익
을 얻을 수 있다는 뜻이다. 예를 들어 A와 B라는 투자자가 동시에 1
억을 펀드에 투자했다고 가정해 보자.

펀드의 수익구조는 '기준가격과 보유좌수의 곱'으로 이루어 진
다. A는 10%의 수익률을 기록해서 '기준가격 11,000원 × 보유좌수
10,000좌'해서 1억1천만원이 되어 있다. 그런데 B는 5%의 수익밖
에 내지 못했다. 상식적으로 생각해 보면 1억5백만원이 되어 있을
것 같지만 실제로는 1억1천5백만원이 되어 있다. B의 경우 주가하
락기에 펀드 변경을 통해 보유좌수를 10% 늘렸기 때문이다.

● 기준가격과 보유좌수의 상관관계

구분	수익률	기준가격	보유좌수	합 계
A	10%	11,000원	10,000좌	110,000,000원
B	5%	10,500원	11,000좌	115,000,000원

　즉, B는 A보다 수익률은 낮지만 주가하락기에 자산관리를 잘 했기 때문에 보유좌수를 늘릴 수 있어서 상대적으로 더 높은 수익을 얻을 수 있었다. 좀 더 쉽게 설명하면 기준가격이 10,000원인 시점에서 앞으로 주가가 하락할 것이라고 판단해서 원금이 보장되는 채권형으로 옮겼다고 가정해 보자.

　주가가 10% 하락한다면 기준가격은 9,000원이 된다. 이 시점에서 다시 주식형으로 갈아타면 보유좌수는 '1억원 ÷ 9,000원' 해서 11,111좌가 된다. 즉, 펀드는 수익률도 중요하지만 보유좌수를 늘리는 것도 내 수익을 올릴 수 있는 좋은 방법이므로 주가의 큰 출렁거림에 적절히 대응만 해도 실효수익률을 높일 수 있다.

　다만 이런 환매 또는 펀드 변경은 개인이 충분한 정보를 가지고 판단하기는 어려우므로 전문가의 도움을 받는 것이 좋다. 하지만 그 어떤 전문가라도 100% 주가를 맞추기는 어려우므로 작은 출렁거림은 받아 들이고, 큰 출렁거림이 왔을 때 적절히 대응한다고 생각하면 된다.

주식시장에 "무릎에서 사서 어깨에서 팔아라"는 격언이 있는 것처럼 자산관리 또한 100%의 'Best'는 없다. 70~80%의 'Good' 정도만 진행해도 주먹구구식 뒷북치기 투자보다는 시간이 흘러갈수록 훨씬 더 큰 효과를 발휘한다. 따라서 내 수익률이 일시적으로 남보다 낮다고 해서 실망할 것도 없고, 내 수익률이 일시적으로 남보다 높다고 해서 기뻐할 것도 없다. 결국 자산관리는 평생동안 진행해야 하므로 최대한 스트레스 받지 않고 시장의 벤치마크 수익률보다 조금 더 높게 내 순자산이 불어난다면 여기에 만족감을 느끼는 것이 가장 바람직하다고 생각된다.

필자가 다시 한 번 강조하고 싶은 점은 대한민국은 석유 한 방울 나지 않는 전형적인 무역국가라는 것이다. 이 말은 유가나 환율, 각종 원자재 가격 등 각종 대내외 경제변수에 의해 주식시장 또한 출렁거림이 심하다는 뜻이다. 이런 경제구조 하에서 무조건 높은 수익률을 추구하다 보면 주가하락기에 심각한 '주식울렁증'을 경험하게 된다. 애써 모은 재산이 점점 줄어드는 고통은 누구나 견디기 힘들다. 따라서 자산관리는 위에서 언급한 세 가지 고려사항 즉, Trade 보다는 Invest의 시각으로 접근해야 하고, 산술평균 보다는 기하평균을 높이는 투자 포트폴리오 구성을, 마지막으로 일시적인 높은 수익률을 추구하기 보다는 꾸준히 시장의 표준수익률을 상회하면서 주가하락기에 탄력적으로 관리할 수 있는 자산관리 시스템을 구축하는 것이 핵심 포인트라고 할 수 있다.

4. 자산관리 Process

　자산관리는 '현재 보유하고 있는 자산과 매월 창출되는 수입의 효율적 운용 및 관리를 통해 평생 동안 풍요로운 삶을 추구하는 것'으로 정의할 수 있다. 그렇다면 이렇게 골치 아픈 자산관리는 언제까지 해야 할까?

　일반적으로 은퇴에는 육체적 은퇴와 정신적 은퇴가 있다고 한다. 일을 하기 어려울 정도로 나이가 들어 현역에서 은퇴하는 것을 육체적 은퇴라 하고, 60대부터 시작되는 노후활동기를 지나 인생회고기가 시작되는 70대 초중반 정도 되면 복잡한 세상사에서도 은퇴를 하게 되는데 이 시기를 정신적 은퇴라고 한다.

　정신적 은퇴 이후에는 판단력과 기억력이 급격히 감퇴하게 되므로 자산관리는 정신적 은퇴 시기까지, 나이로 보면 70대 초중반 정도까지 해야 한다고 볼 수 있다. 나이에 따라 틀리지만 누구에게나 앞으로 수십 년간의 자산관리가 필요하므로 평생 동안 풍요로운 삶을 즐기려면 한 살이라도 젊을 때부터 체계적인 자산관리를 시작해야 한다.

　자산관리의 순서는 재무목표 설정, 투자성향 분석, 자산배분 및 운용, 주기적인 사후관리로 크게 4단계로 나눌 수 있다.

1) 재무목표 설정

자산관리에 있어 재무목표는 매년 어느 정도의 수익률을 달성할 것인지를 의미한다. 수익률은 높을수록 좋겠지만 'High Risk, High Return'의 법칙이 존재하므로 시장상황과 내 투자성향을 고려한 합리적 수익률을 목표로 해야 한다. 수익률을 이해하는데 좋은 자료로는 '72의 법칙'이 있다.

72의 법칙은 '72 ÷ 수익률 = (원금이)두 배가 되는 기간'을 말한다. 즉, 수익률이 높을수록 내 자산이 그만큼 빠른 속도로 불어난다는 것을 의미하는데, 이를 대표적인 투자수단에 대입해 보면 은행금리를 4%로 적용했을 때 '72 ÷ 4 = 18', 즉 원금이 두 배가 되는데 18년의 기간이 소요된다. 채권의 수익률을 6%로 적용하면 '72÷6 = 12', 12년이 소요된다.

부동산의 수익률을 8%로 가정하면 '72 ÷ 8 = 9', 9년이 걸리며 주식의 수익률을 20%로 가정하면 '72 ÷ 20 = 3.6', 3년 반 정도 걸릴 것이다.

이렇게 보면 당연히 주식에 집중적으로 투자하고 싶은 생각이 들게 마련인데, 문제는 높은 수익도 가능하지만 반대로 큰 손실도 가능한 투자수단이 바로 주식이라는 점이다. 따라서 자산관리는 예금과 채권, 주식에 일정 비율로 분산투자하는 것이 필요하다. 설령 주식에서 손실이 발생하더라도 안전자산인 예금과 채권에서 어느 정도 커버할 수 있기 때문이다.

미국의 주식 투자 격언에 '100 - 자신의 나이' 만큼 투자하라는 말이 있다. 예를 들어 40세는 주식에 60% 정도를, 50세는 주식에 50% 정도를 투자하는 것이 합리적이라는 것이다. 나이가 들어갈수록 수익성보다는 안정성 위주로 투자하라는 뜻인데, 이를 한국에 적용해 보면 '잠재성장률 4% + 물가상승 3% + 적정수익 3%'인 연 10% 정도가 적정하다고 판단된다.

연 10% 수익률을 우습게 보는 분들이 많은데 매년 10%만 달성해도 7년이면 내 자산이 두 배로 불어나게 된다. 이 정도면 인플레이션 이상으로 자산이 불어나므로 평생 동안 큰 걱정 없이 인생을 즐길 수 있다. 이렇게 편안하게 관리하는 것이 나이 들어서까지 주판알을 튕겨 가면서 금융환경이 변할 때마다 스트레스 받는 것보다는 훨씬 낫지 않을까. 따라서 필자가 생각하는 적정 재무목표는 일반적 운용에서 연 10% 정도를, 공격적 운용에서 연 15% 정도를 목표로 하고 포트폴리오를 구성하는 것이 가장 바람직하다고 판단된다.

2) 투자성향 분석

흔히 우리나라 국민들을 일컬어 '세계에서 가장 화끈한 민족'이라고 부른다. 민족적 특성이 성격도 급하고 매사 빨리빨리, 매사 화끈하게 사는 사람들이 많아서이다. 이러다보니 투자성향 또한 공격적인 분들이 많다. 아직도 간접투자인 펀드 보다는 직접 객장에서 또는 인터넷으로 주식에 투자하는 비율이 매우 높다.

따라서 주가의 향방에 따라 매일 울고 웃는 해프닝이 벌어지고 있는데, 자산관리의 장기적 성공을 위해서는 적어도 이런 식의 투자에서는 멀어져야 한다. 포커게임을 하는데 몇 번 잃다 보면 어느새 올인되어 있듯이 자산관리도 마이너스가 자주 발생하면 아예 포기하게 되는 경우가 생길 수 있기 때문이다. 따라서 자산관리의 두 번째 단계인 투자성향 분석을 꼼꼼히 해 볼 필요가 있다. 내 성향이 어떤지도 모른 채 그저 남들이 하는 대로 따라 하다가는 손해는 차지하고 큰 스트레스를 받을 수 있기 때문이다.

투자성향 분석은 각종 금융기관에서 무료로 받을 수 있다. 투자성향에는 크게 공격적, 중도적, 보수적으로 구분되는데 이번 장에서는 간단히 스스로 체크해 볼 수 있는 자료를 준비해 보았다.

1분이면 체크가 가능하니 독자 여러분도 내가 어느 성향에 속하는지 테스트해 보자. 결과가 나오면 이번엔 내가 하고 있는 투자행태를 점검해 보아야 한다. 너무 보수적이거나 너무 공격적이라면 보다 합리적이고 입체적으로 포트폴리오를 변경할 필요가 있다.

나의 투자성향 분석

NO	진 단 설 문	100% 맞음 (3점)	어느정도 맞음 (2점)	틀림 (1점)
1	내가 가장 중요하게 생각하는 투자원칙은 '수익률'이다. 원금을 어느 정도 까먹어도 상관없다.			
2	나는 주식에 투자하는 것이 예금하는 것보다 낫다고 생각한다.			
3	내가 향후 돈을 벌 수 있다면 현재 재테크를 하고 있지 못해도 크게 개의치 않는다.			
4	나는 최종적으로 돈을 더 벌 수 있는 기회, 즉, 높은 투자 수익을 얻을 수 있다면 일시적으로 이익을 볼 수도 손해를 볼 수도 있다는 사실을 받아들인다.			
5	나는 장기간에 걸쳐 최종적으로 높은 수익을 얻는다면 현재의 낮은 수익률을 감수할 수 있다.			
6	나는 돈을 언제든지 인출할 수 있는 상품이라면 수익률은 개의치 않는다.			
7	나는 수익률이 낮은 채권이나 안전한 금융기관의 예금보다는 위험성이 있더라도 높은 수익률의 상품을 선호한다.			
8	펀드매니저 등 전문가가 내 돈을 운용하고 그로 인해 높은 수익을 얻을 수 있다면 현재 수익이 낮더라도 기꺼이 일정금액을 투자할 의향이 있다.			
합 계				점

◉ 나의 투자성향 분석

구 분	유 형	진 단 내 용
8~12점	보수적 성향	당신은 아무리 높은 수익률이 기대되어도 주식에는 투자하지 않습니다. 안전한 은행의 국채, 기타 금융상품에만 투자합니다. 하지만 수익률을 높이기 위해서는 좀 더 공격적일 필요가 있습니다. 주식형 수익증권, 뮤추얼 펀드 등 주식형 상품에 적정 금액을 투자 하는 것도 필요합니다.
13~17점	중도적 성향	당신은 보수적인 성향보다는 좀 더 공격적이며 예금과 주식형 간접상품 등에 골고루 투자합니다. 재테크 포트폴리오 차원에서는 아주 합리적인 스타일입니다.
18~24점	공격적 성향	당신은 높은 수익률을 얻기 위해서라면 기꺼이 위험을 감수하는 성향입니다. 위험 감수 정도가 크므로 더 많은 투자금액을 확보한다거나 하는 것이 위험하다고 판단되며, 오히려 지나친 주식비중을 줄여야만 효과적인 분산투자가 가능합니다.

3) 자산배분 및 운용

재무목표를 정하고 투자성향 분석이 끝나면 이젠 실행에 옮겨야 한다. 자산관리의 실행단계를 '자산배분'이라고 하는데, 자산배분에는 전략적 자산배분과 전술적 자산배분이 있다. 전략적 자산배분이란 현재 보유하고 있는 자산을 현금, 채권(예금포함), 주식, 부동산의 4가지 전략적 투자수단으로 나누는 것을 말한다.

전술적 자산배분은 각각은 투자수단에 대해 구체적 금융기관과 금융상품을 선택하는 과정을 말한다. 먼저 전략적 자산배분에 대해 알아 보자.

• 전략적 자산배분

전략적 자산배분에 들어가기 앞서 투자수단별 장·단점에 대해 먼저 알아 보자.

구 분	장 점	단 점
금 고	익명성	수익성 저로 도난 가능성
예금(채권)	안정성 및 편리성	수익률 낮음 이자소득 발생
부동산	높은 수익성(연 8% 이상) 자산가치 상승 기대	무더기 서금 폭탄 유지보수 비용 과다 현금화 어려움 상속시 둘리
주 식	높은 수익성	손실 가능성 이자소득 발생
보 험	수익성, 유동성, 안정성 모두 보유 낮은 수수료 연금전환 가능 종합과세 회피	보험회사 사업비 부과

각각의 투자수단별로 장·단점이 있으므로 자신의 재무목표와 투자성향에 맞게 포트폴리오를 구성하면 된다. 전략적 자산배분은 향후 10년 뒤 자산의 골격을 목표로 지금부터 서서히 변화시켜 나가는

것을 의미한다. 일반적으로 투자수단별로 기대할 수 있는 수익률의
크기는 다음과 같다.

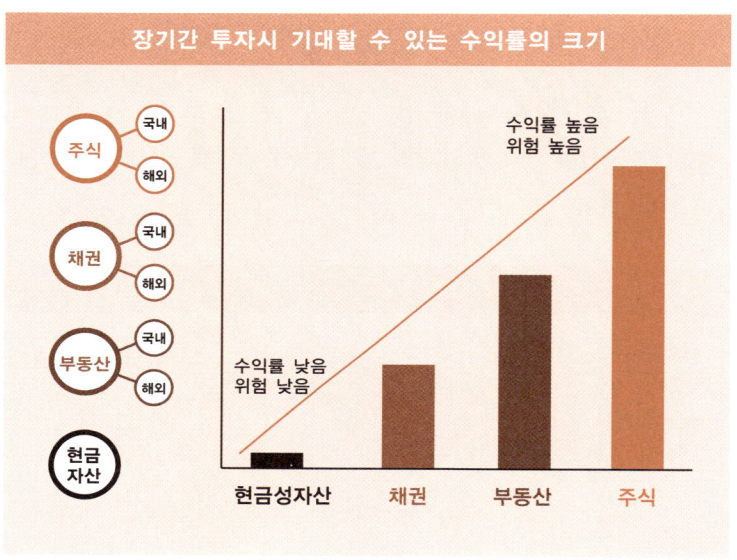

4가지 투자수단에서 먼저 짚고 넘어가야 할 부분이 바로 부동산
이다. 참여 정부 이래 8.31 대책 등 각종 규제가 시행되면서 2008년
시점의 부동산 시장은 상당히 침체되어 있다. 물론 앞으로 어떻게
변해 갈 것인지 '부동산 불패론'과 '부동산 필패론'이 첨예하게 대
립하고 있지만 지금 시점에서 꼭 한 번 검토해야 하는 부분이 '자산
구성비율'이다.

다음의 표에서 알 수 있듯이 우리나라는 선진국인 미국과 일본 대

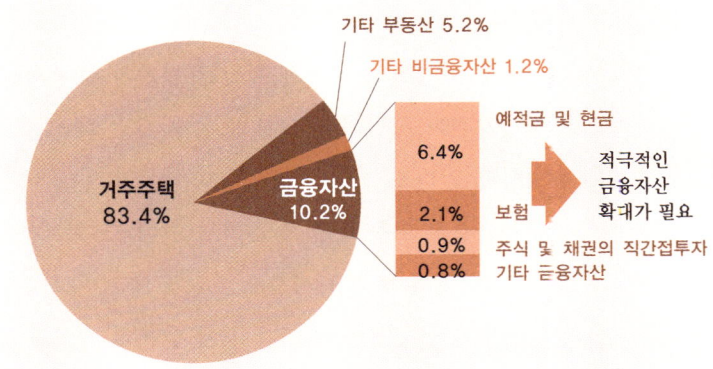

● 대한민국 평균 자산구성 현황

기타 부동산 5.2%

기타 비금융자산 1.2%

예적금 및 현금

6.4%

거주주택
83.4%

금융자산
10.2%

2.1% 보험

0.9% 주식 및 채권의 직간접투자

0.8% 기타 금융자산

적극적인
금융자산
확대가 필요

〈2006년 기준 한·미·일 가계자산 구성〉 (자료:미래에셋자산운용, BOK., BOJ, FRB)

구 분	한국	미국	일본
금융자산	20.4%	60.0%	58.0%
부동산	76.8%	33.0%	42.0%

비 지나치게 높은 부동산 비중을 보유하고 있다. 전 국민의 80%가 '집 한 칸 부자'인 상태에서 부동산 가격이 하락하면 어떤 일이 생기게 될까? 다른 나라와 비교할 것 없이 10년 전 IMF 사태를 떠올려 보면 된다. IMF의 금융위기가 왔을 때 실물자산을 보유한 사람들은 큰 타격을 입었고 금융자산을 많이 보유한 사람들은 오히려 큰 이득을 얻었다.

문제는 무역국가인 대한민국의 앞날은 무척 험난할 것으로 예상되기 때문에 언제 또 IMF와 같은 사태가 올지 모른다는 것이다. 여기에 급속한 고령화와 저출산이 부동산 시장의 전망을 어둡게 하고 있다.

우리나라보다 20여 년 정도 고령화가 진전된 일본의 경우 1990년도를 정점으로 주택가격이 하락하기 시작해 현재 고점 대비 1/3 정도의 가격을 유지하고 있다고 한다. 여러 가지 이유가 있겠지만 급속한 고령화와 저출산으로 인한 수요 감소의 원인이 크다는 분석이다. 일본의 경우 1994년부터 부동산 시장에 고령화 충격이 시작되었는데 대한민국의 경우 인구구조상 2015년 경에 일본과 유사한 충격이 예상된다. 따라서 앞으로의 부동산 시장은 '부익부 빈익빈'이 심화될 것으로 판단된다. 주택시장의 경우 이미 2002년에 보급율 100%를 넘어 섰다. 앞으로의 자산관리는 부동산 보다는 금융자산을 확대하는 쪽으로 진행하는 것이 여러모로 유리할 것이다.

전략적 자산배분은 향후 10년 후의 자산골격을 만드는 기초계획이다. 먼저 아래의 표 왼쪽 부분에 현재의 자산구성을 적어 보자. 필자의 경험상 상당수의 고객들이 부동산 비중이 60~70% 이상이었다. 다음에는 현재 보유하고 있는 금융자산을 재무목표를 감안하여 오른쪽 하단 부분에 적어 보자.

참고로 10년 후의 구성비는 현재 미국의 FP(Financial Planner)들이 추천해 주고 있는 자산구성비율이다. 만약 10년 후에도 지나치게 부동산의 비율이 높다면 금융자산으로 전환하는 것을 제안하고 싶다. 지금까지는 부동산에 집중 투자하는 사모님 재테크가 성공했

◉ **전략적 자산배분**

현재의 고객자산

자산의 종류	평가액	구성비
주식	만원	%
채권	만원	%
부동산	만원	%
현금자산	만원	%
합계	만원	%

주식 : 주식, 펀드, 파생상품, 변액보험
채권 : 예금, 적금, 채권, 공시이율연금
부동산 : 시가(부채 제외)
현금 : 6개월 생활비

어떻게 변화해 나갈 것 입니까?
➔ 중장기 계획이 필요

10년 후 고객의 목표 자산배분

자산의 종류	평가액	구성비
주식	만원	30%
채권	만원	30%
부동산	만원	40%
현금자산	만원	1%
합계	만원	100%

지만 앞으로는 금융 IQ가 높은 사람이 부자가 되는 시기가 오기 때문이다.

전략적 자산배분의 핵심은 선진국과 비슷하게 금융자산을 확대하자는 것이다. 금융자산은 주식, 현금, 예금 등으로의 전환이 자유롭기 때문에 부동산처럼 유동성에 제약을 받지 않는다. 또한 갑작스런 리스크에도 원활하게 대처할 수 있다. 아울러 향후 투자의 맥락은 '주식'이라는게 전문가들의 공통된 견해다.

결론적으로 자산관리는 부동산보다는 금융자산을 확대하고 나에게 맞는 재무목표를 전문가와 함께 꾸준히 실천에 옮기는 것이 점점 더 부자가 되는 비결이라고 요약할 수 있다.

• 전술적 자산배분

전술적 자산배분은 현금, 채권(예금 포함), 주식에 대해 각각의 금융상품을 선택하는 과정을 말한다. 현금은 보통 6개월치의 생활비를 기준으로 유동성을 확보하는 것을 말하며, 예금 및 채권 또한 금융상품별로 수익성이 비슷하므로 어렵지 않게 선택할 수 있다. 문제는 주식인데 수천 가지의 펀드 중에서 어떤 상품을 선택하느냐가 중요하다. 우리나라 주식시장은 변화의 폭이 대단히 크다. 무역국가의 특성상 대외 변수에 따라 주식시장이 크게 출렁거린다는 뜻인데 아래의 표가 이를 증명하고 있다. 골이 깊고 산이 높을수록 투자수익률은 크게 높아질 수 있다. 하지만 반대로 시장을 잘못 읽으면 큰 손실을 입을 수도 있다. 이런 특징이 대한민국 주식시장이며 앞으로도 계속 이어질 것으로 예상된다. 따라서 주식에 대한 투자는 목돈 투자보다 적립식 투자가 훨씬 유리할 것으로 판단된다.

주가의 출렁거림이 큰 시장의 특성에 원활하게 대응하려면 주식 편입비율이 높은 펀드는 적립식으로, 편입비율이 낮은 펀드는 목돈으로 운용하는 것이 유리하다. 상하 변동폭이 30%인 주식의 특성상 편입비율이 높은 펀드에 목돈을 넣으면 주가를 쳐다 보는 것 자체가 두렵기 때문이다.

필자가 앞에서 언급했듯이 앞으로 뜨는 주식들은 '사람을 사람답게 살 수 있도록 만들어 주고, 삶의 질을 올려 주는 주식'이 될 것이다. 대표적으로 환경 · 바이오 · 제약 · 교육 · 레저 · 엔터테인먼트 ·

◉ 대한민국 주가 동향

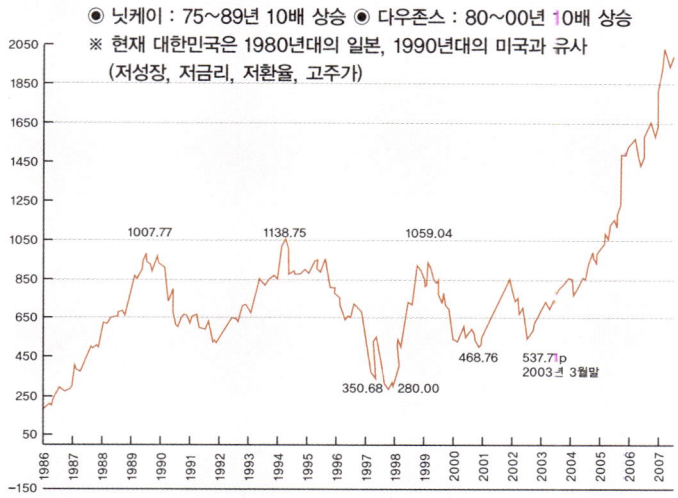

● 닛케이 : 75~89년 10배 상승 ● 다우존스 : 80~00년 10배 상승
※ 현재 대한민국은 1980년대의 일본, 1990년대의 미국과 유사
   (저성장, 저금리, 저환율, 고주가)

금융 · IT 등인데 이런 주식들은 일반인이 판단하기 매우 힘들다. 특별한 원자재나 기계가 필요하기 보다는 사람의 두뇌와 기술이 중요한 업종이기 때문인데 그래서 앞으로는 전문가에 의한 간접 투자의 시대가 정착될 것으로 예상된다.

따라서 주식에 대한 직접 투자보다는 간접투자상품인 펀드를 잘 고르는 것이 매우 중요한데, 펀드 또한 운용철학과 시스템, 펀드 매니저 등 고르기가 여간 복잡한 게 아니다. 이 부분 또한 재무전문가의 도움을 받아 고르길 추천하며 자산관리의 최종 결정은 스스로가 내리는 것이므로 금융자산 포트폴리오 구성방법에 대해서만 언급하고자 한다.

◉ 금융상품 포트폴리오 구성방법

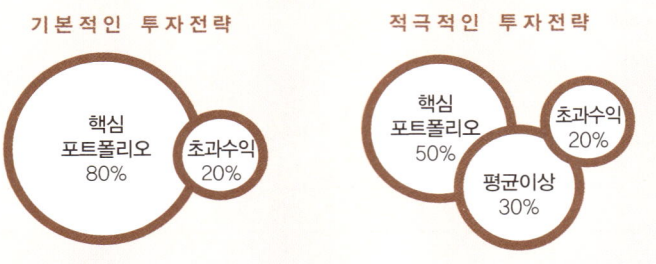

★ **연금, 펀드상품의 포트폴리오 구성방법**
■ 핵심 포트폴리오(Core Portfolio)
 – 주식, 채권시장의 평균적인 수익률을 달성한 상품들
■ 위성 포트폴리오(Satellite Portfolio)
 – 초과수익률을 달성하기 위한 고수익-고위험 상품들
 – 해외투자펀드는 위성펀드임

기본적인 투자전략

핵심
포트폴리오
80%

초과수익
20%

적극적인 투자전략

핵심
포트폴리오
50%

초과수익
20%

평균이상
30%

주식시장의 표준수익률을 벤치마크 수익률이라고 한다. 벤치마크 수익률을 달성할 수 있는 금융상품을 핵심 포트폴리오라고 하는데 대표적으로 인덱스 펀드가 여기 해당되고, 설정액이 1조원 이상인 대형 펀드와 보험회사 연금 펀드도 포함된다. 벤치마크 수익률 이상을 기대할 수 있는 중소형 펀드를 위성 포트폴리오라고 하며 대다수 펀드들이 여기에 속한다.

전술적 자산배분은 주식의 포트폴리오를 구성할 때 자신의 투자성향에 따라 일반적 투자전략과 공격적 투자전략을 결정하고 그 비율에 따라 금융상품을 편입시키는 것으로 정리할 수 있다. 세부 금융상품은 경제상황과 금융환경에 따라 수시로 바뀌게 마련이므로 전문가와 함께 상의해서 결정하면 된다.

4) 주기적인 사후관리

자산관리의 마지막 단계이자 가장 중요한 부분이 바로 주기적인 사후관리이다. '작심삼일'이라는 격언처럼 시작은 거창하게 잘 했는데 사후관리가 부실하면 도로아미타불이 될 수 있다. 특히 대한민국은 앞으로의 경제전망이 불투명하므로 주기적인 관리가 꼭 필요하다.

사후관리에는 '자산 재조정'과 '자산 재배분'이 있다. 자산 재조정은 현금과 채권(예금 포함), 주식의 비중을 6개월 단위로 조정하는 것을 말하고, 자산 재배분은 금리상황과 주식시장의 변화에 따라 자산 배분 비율 자체를 조정하는 것을 말한다.

예를 들어 현금 10%, 채권 40%, 주식 50%의 자산배분으로 시작했는데, 6개월 후 주식이 올라서 비율이 현금 8%, 채권 32%, 주식 60%가 되었다고 가정하면 다시 원래의 비율에 맞게 주식을 처분해서 현금 10%, 채권 40%, 주식 50%로 재조정하는 것을 '자산 재조정'이라고 한다. 만약 주식이 하락했을 경우는 반대로 현금과 채권을 처분해서 주식에 넣으면 된다.

이런 과정이 필요한 이유는 출렁거림이 심한 주식(펀드)에 대해 지속적으로 일정 비율의 자산만 편입시킴으로 해서 적립식으로 투자하는 것과 비슷한 복리효과를 높일 수 있기 때문이다. 즉, 주식이 좋을 때는 빼서 현금화하고 주식이 나쁠 때는 오히려 투입을 많이 함으로써 주가가 쌀 때 많이 사서 평균매입비용을 감소시키는 효과(Cost Averaging)를 얻을 수 있다. 보통 6개월 단위로 진행하는 것이 좋고 장기적으로 꾸준히 '자산 재조정'을 해 나가면 벤치마크 이상의 수익률을 올릴 수 있다.

이런 식으로 자산 재조정을 진행하다 보면 큰 폭의 출렁거림을 만나게 된다. 대표적으로 경기 하강기에 주가가 많이 하락하게 되는데, 불경기가 올 것으로 판단되면 주식비중을 줄일 필요가 있다. 주가가 하락하면 상대적으로 채권금리는 올라가기 마련이므로 주식을 줄이고 현금과 채권을 늘리는 것이 더 유리하다. 이렇게 금융자산 비율 자체를 바꾸는 것을 '자산 재배분'이라고 한다. 보통 경기변동에 따라 3~5년을 주기로 진행하면 된다.

자산관리는 시작보다 사후관리가 중요하므로 꾸준히 '자산 재조정'과 '자산 재배분'을 진행해야 한다. 그런데 자고 일어나면 바뀌는 게 금융환경이다. 즉, 하루종일 세계경제와 증시전망만 쳐다 볼 수 없으므로 내 자산관리를 도와 줄 전문가를 찾아야 한다. 조금만 노력하면 찾아 낼 수 있으므로 전문가와 함께 재무목표를 정하고, 투자성향을 분석한 후 자산배분과 사후관리를 하면 된다. 시작하면 최소 10년에서 20년 이상 진행해야 하므로 작은 출렁거림에 흔들리지 말고 꾸준히 밀고 나가는 것이 중요하다.

5. 자산배분 사례

자산관리는 자산의 많고 적음을 떠나 누구에게나 필요한 프로그램이지만 그래도 어느 정도 자산을 보유하고 있어야 본격적인 컨설팅이 가능하다.

다음의 사례는 금융자산을 20억 정도 보유한 분에게 제안한 내용인데, 이 고객의 경우 세금우대 상품을 비롯해 수십 가지의 금융상품에 분산 투자하고 있었다.

금융자산의 상당액을 예금과 MMF 위주로 운용하다보니 주식시장의 상승에 대해 상대적 박탈감을 느끼고 있었고, 상품이 너무 많아 어떻게 하고 있는지 조차도 정리가 되어 있지 않았다. 여기에 주식 투자에 대한 막연한 두려움도 갖고 있는 상태였다.

필자의 경험상 금융자산 10억 미만의 경우는 20가지 내외, 20억에서 30억 정도는 15가지 내외가 적정하다고 판단된다. 금융자산이 적을수록 세금우대 및 절세 같은 세심한 관리가 중요하나 금융자산이 많아질수록 큰 틀 안에서 핵심상품 위주로 운용하는 것이 금융소득종합과세 등을 고려했을 때 보다 효과적이기 때문이다.

◉ 홍길동 님 전략적 자산배분 제안

	공격적 운용	일반적 운용
자산운용 방향	− 은행 : 10% (유동성) − 증권 : 50% (수동성) − 보험 : 40% (안정성 및 노후)	− 은행 : 20% − 증권 : 30% − 보험 : 50%
자산운용 제안	− CMA 및 MMF : 2억 원 (금융소득 종합과세 감안) − 증권은 주식형과 주식혼합형 50 : 50 투자 − 보험은 변액연금과 변액 유니버셜에 적립식 투자 및 일시납 변액연금 투자 (5년 후 연금 전환)	− CMA 및 MMF : 4억 원 (상시 유동선확보 및 투자자금 확보) − 증권과 보험은 좌동
자산운용 내용	− 증권 및 보험은 거치식과 적립식을 50 : 50으로 투자 − 금융상황 급변 시 증권은 환매하여 현금화하고 보험은 펀드변경을 통해 안전자산 (채권형)으로 운용 − 반기 1회 자산운용 미팅 필요 (성과 분석 및 향후 방향 모색)	

◉ 홍길동 님 전술적 자산배분 제안

	공격적 운용	일반적 운용
은행	❶ CMA 및 MMF : 2억 원	❶ CMA 및 MMF : 4억 원
증권	❷ 8억 원을 주식혼합펀드에 투자 (○○투신 및 ○○증권) ❸ 6억 원을 매월 1천만 원씩 주식펀드에 적립식 투자 (○○투신 및 ○○증권, ○○자산운용)	❷ 4억 원을 주식혼합펀드에 투자 ❸ 4억 원을 매월 700만 원씩 주식펀드에 적립식 투자
보험	❹ 3억 원을 변액연금 일시납에 투자 (○○생명 및 ○○생명) ❺ 3억 원을 매월 5백만 원씩 변액연금 및 VUL에 적립식 투자 (○○생명, ○○보험, ○○생명)	❹ 4억 원을 변액연금 일시납에 투자 ❺ 6억 원을 매월 1천만 원씩 변액연금 및 VUL에 적립식 투자

※ 홍길동 님 자산관리 전후 자산증가 추이
(해당 금융상품의 수익률 적용)

① 자산관리 이전

(단위 : 만원)

구 분	현 재	5년 후	10년 후	15년 후	20년 후
부동산					
채 권					
주 식					
합 계					

※ 부동산은 변동성을 감안하여 자산증가 대상에서 배제
※ 예금은 연 수익률 5%, 펀드 및 변액보험은 연 수익률 10% 가정

② 자산관리 이후

(단위 : 만원)

구 분	현 재	5년 후	10년 후	15년 후	20년 후
부동산					
채 권					
주 식					
합 계					

자산관리는 앞으로의 그림을 그려 주는 프로그램이다. 해당 고객의 투자성향과 눈높이에 맞게 금융계산기를 활용해 예상되는 그림을 만들어 볼 수 있다.

필자는 지금도 이런 그래프를 만들 때마다 10년 후, 20년 후에 그

고객의 환하게 웃는 모습을 상상해 보곤 한다. 인생의 희망과 기쁨을 늘려 주는 것이 진정한 자산관리의 의미가 아닐까.

■ 성공하는 자산관리의 요령

지금까지 부모님들이 먼저 아셔야 할 자산관리의 컨셉과 향후 투자환경 전망, 자산관리 고려사항 및 Process에 대해 알아 보았다. 사실 자산관리라는 용어 자체가 아직은 생소한 것이 현실이지만 조만간 일반화 될 것으로 전망된다.

마지막으로 자산관리가 필요한 고객들의 현 상황을 정리해 보자. 대한민국의 경우,

첫째, 자식과의 전근대적 사고방식 속에서(자녀교육에 올인) 부동산 중심의 자산관리를 중시하고 있으며,

둘째, 자극적인 단기 재테크에 치중(세계 초단기 주식투자민족)하는 경향이 깊다.

셋째, 전문가를 불신하며 주위 사람이나 언론의 조언을 듣고 있으며,

넷째, 장기적인 투자설계 방안을 수립하지 못하고 있어 저금리, 고령화 시대의 위험에 취약하게 노출되어 있다고 판단된다.

따라서, 성공적인 자산관리를 위한 제언으로는

첫째, 시장변화에 민감하게 반응하면서 단기로 움직이면 자산관
리에 실패하기 쉽다는 점과,

둘째, 성공적인 투자란 10년 후의 자산골격을 세우는 것이므로

- ◉ 투자목표를 명확하게 설정
- ◉ 일정한 원칙이나 전략에 따라 분산투자
- ◉ 신중하게 장기간 분산 투자
- ◉ 투자목표의 수정, 투자상품의 변경을 연간단위로 결정하고,

셋째, 성공적인 투자자의 마인드를 가져야 한다.

- ◉ 투자원칙을 잘 이해하고 일관성 있게 투자행태를 유지
- ◉ 단기적인 가격 하락에 용기있게 견디는 마음자세 필요

마지막으로 성공적인 자산관리란 성공적인 계획 못지 않게 지속
적인 사후관리가 중요하므로 믿을 만한 전문가와 함께 진행해야 한
다. 지금은 부동산을 많이 보유한 사람이 부자 소리를 듣지만 앞으
로 20년 후 대한민국 부자는 전 세계 선진국과 마찬가지로 금융자산
보유자가 될 것으로 확신한다.

내 자녀,
건강한 부자로 키우기

미국경제에서 주요위치를 차지하고 있는 유대인의 교육철학의 하나가 '남보다 뛰어나기 보다 남과 다르게 되어라' 이다. IMF 경제위기에 빠진 개인들 가운데 그 어려움을 누구보다 빨리 벗어날 수 있었던 사람은 바로 많은 지식을 가진 사람이 아니라 남과 다르게 생각하고 색다른 것을 찾아내 상품화하여 사람들의 마음을 사로잡은 사람이다.

5장

내 자녀,
건강한 부자로 키우기

1. 왜 지금 건강한 부자인가?

부자란 누구인가? 부자의 사전적 의미는 '재물이 많아 살림이 넉넉한 사람이다.(표준 국어대사전, 2008) 그래서 흔히 부자교육이라 하면 재물을 많이 쌓을 수 있는 재테크 등의 경제교육의 측면에서의 지식과 실천적 방법들을 가르치는 것을 생각한다. 개인이 가진 재물의 양에 편차가 점점 벌어지고, 재물이 개인의 삶에 미치는 영향력이 커지는 현대사회에서 부자가 갖는 사회적 의미가 더욱 중요해 진다.

한편 누군가 부자가 되는데는 그 개인만의 노력이나 능력만이 역할을 하는 것이 아니다. 주변 사람들, 크게는 세계인의 경제활동과 노동이 직, 간접적으로 영향을 준다. 그래서 부자는 자신의 재물이

공공의 것이라는 개념을 갖는 것이 필요하다. 부를 가진 사람들은 주변의, 사회의 관심을 받게 된다. 이러한 사회적 관심의 대상인 부자가 그런 부를 축적할 만한 이유와 능력이 있으며, 사회에 기여하는 바가 있다는 것을 일반인들이 인정할 수 있다면 그 사회는 건강한 모습을 갖출 수 있다.

우리나라에는 "사촌이 땅을 사면 배가 아프다"라는 속담이 있다. 시기와 질투가 많다는 이야기이다. 그러나 만약 그 사촌이 땀흘린 노력과 능력을 갖고 있다면, 그리고 자신의 부를 가지고 개인적 풍요만을 누리는 것이 아니라 모두가 존경할 만한 특별함을 갖고 있다면 더 이상 배앓이는 하지 않을 것이다.

부자의 개념은 재물이 많은 사람이지만 진정으로 건강한 부자는 뭔가 특별한 삶의 가치관과 태도를 가지고 있다. 그러나 우리 사회에서는 부자의 자아상이 그리 건강한 모습으로 비춰지지 않고 있다. 따라서, 부자가 존경받는 사회, 그래서 보다 나눔과 공존의식이 확장 될 수 있는 사회를 만들어 가기 위해서는 부자가 가진 건강한 가치관, 생활태도와 행동 양식을 인정하고 교육적 덕목으로 삼는 일이 중요하다.

부를 가진 사람이 그럴만한 충분한 이유와 능력, 남과 다른 특별함이 있다고 인정할 때 진정한 부자의 모습을 닮고자 노력할 것이며, 그 과정을 통해 건강한 인성을 지닌 사람으로 자라날 가능성이 많아진다.

우리나라의 어린이들은 부자를 어떻게 보고 있을까? 윤선영, 류혜숙(2008)의 연구에 의하면, 어린이들은 부자는 '욕심쟁이이고 나쁜 사람'이라고 보았으며, 부자가 좋은 점은 '노동이 필요하지 않기 때문에'라고 보았다.

중·상류층 이상의 어린이들 가운데는 "도둑이나 해적에게 빼앗길까봐, 부자는 욕심쟁이니까" 등의 표현으로 부자가 되고 싶지 않다는 반응을 보였다고 한다. 그런데 그 이유가 "엄마는 부자를 싫어하니까, 엄마가 부자는 나쁘다고 했으니까"라고 대답하였다.

어린이들의 특정 대상에 대한 인식은 부모와의 일상적 대화나 행동양식에 대한 관찰을 통해 형성된다고 할 때, 부모가 부자에 대한 건강한 인식을 갖고, 바람직한 교육을 하려고 노력하지 않는다면, 건강한 부자의 이미지를 한 사회가 공유하고 추구하기 어렵다.

또한 조도근(1989)에 의하면, 어린이들은 부자의 개념을 '성품이나 능력'과 같은 내면적 범주에 의해 이해하기 보다는 '돈이나 물건의 소유'와 같은 외형적 범주의 특성만으로 인식하는 경향이 있다고 하였다.

진정으로 부자가 존경받는 사회를 만들기 위해서는 부자가 가진 건강한 내면적 소양을 알고 재물과 더불어 건강한 부자의 특성을 갖추고자 노력하는 예비부자들을 길러내야 할 것이다. 이러한 부자에 관한 가치관 교육은 가정에서 부모에 의해 인식되고 실천될 때 더욱 빛을 발할 수 있다.

2. 건강한 부자들, 그 공통적인 특징

1) 건강한 부자의 원칙 : 6개의 씨앗

건강한 부자가 되려면 어떻게 해야 할까? 무릇 풍성한 열매를 얻기를 바란다면 그에 알맞은 씨앗을 심어야 하듯, 부자가 되는 데도 원칙인 씨앗이 필요하다.

요즘 부자와 성공에 대한 관심이 어느 때보다 높아 시중 서점에 가면 많은 종류의 베스트셀러를 쉽게 만날 수 있다. 그러나 건강한 부자에 대한 관심 보다는 부와 성공을 이루는 처세술 같은 방법론에 관한 책이 많음은 생각해 보아야 할 일이다.

부를 이루기 위한 요소는 무엇일까? 신경 경제학의 관점에서 인간의 행동과 부의 상관관계를 연구한 트레이더 출신의 신경 경제학자인 리처드 피터슨(Richard Peterson)은 부(富)와 상관관계가 있는 인성은 자기절제(self-discipline)라고 잘라 말한다. 가치투자의 창시자이자 워렌 버핏의 스승인 벤자민 그레이엄도 투자에서 성공하기 위해 필요한 것은 지능과 같은 영역보다는 인성이 더욱 중요하다고 지적한다.

오늘날과 같은 정보의 홍수 속에서 부모가 알고, 사랑스러운 자녀들에게 전해주고 싶은 건강한 부자의 씨앗을 부자들의 사례 속에서 찾아보기로 하자.

씨앗 1 | 건강한 부자는 '일'을 즐긴다

건강한 부자로 성공한 사람들은 스스로 열심히 움직이며 일하는 것을 즐겼다. 빌 게이츠는 청소년들에게 주는 메시지에서, 미국의 유명한 의사 지아론이 말하는 일의 가치를 이렇게 전하였다.

"일은 천연의 의사다. 일이라는 것은 근육을 발달시켜주고 몸이 더 건강해지도록 해주며 혈액순환도 활발하고 빨라지도록 돕는다. 또 사람이 일을 하면 사고활동을 계속하기 때문에 정신적으로 민첩해지고 판단력도 빨라지게 된다. 일은 오랫동안 잠자고 있던 창조력을 깨워주고 정확하게 판단하도록 도와준다. 또 더욱 많은 명철함과 지혜로 당신의 업무를 지휘해 나가도록 도와준다. 일은 사람으로 하여금 자신이 하나의 인격체라고 느끼도록 만들어주그 반드시 그 업무에 대한 책임감을 느끼게 해주며, 또한 인간의 존엄성과 위대함을 드러내 준다." (SuchunLi, 2007)

많은 부자와 성공한 사람들은 자신의 일에 대한 촐학을 많은 지면을 할애하여 설명한다. 요점은 '자신이 좋아하는 일'을 해야 성공한다는 것이다. 최고의 갑부, 빌 게이츠와 워렌 버핏의 성공 비결은 '일을 즐기는 것'이고, 일본의 부자 전도사 혼다 켄은 그의 저서 「부자가 되려면 부자에게 점심을 사라」에서 역시 "자신이 좋아하는 일을 하는 것이 부자가 되는 길"임을 강조한다. 그러나 살아가면서 어디 '자신이 좋아하는 일'만 기다리고 있겠는가? 따라서 건강한 부자로 성공하기 위해서 자신의 일을 좋아하고 즐길 수 있는 요소를 적극적으로 찾는 노력이 함께 해야 할 것이다.

월마트의 창립자 샘 월튼은 '자식들에게 일을 시키라'고 주문한다. 자수성가형 부자인 월튼은 자신의 자녀들을 상점에 나와 일하게 했다. 이렇게 성장한 그의 자식들은 막대한 부를 물려받았는 데도 자그마한 사무실에서 일한다. 폼잡고 거들먹거리지 않는 탓에 세간의 입에 오르내리는 일도 없다. 노동의 가치를 아는 것은 자본주의가 존재하는 한 반드시 가져야 할 삶의 윤리이다(이상건, 2008).

돈이 많은 사람일수록 더 많은 일을 한다. 왜냐하면 그들은 일을 즐기기 때문이다. 일을 즐기고 좋아하기 때문에 돈을 번 것이다.

부모들은 자신의 자녀들이 정말 일(공부)을 즐기며 신바람 나게 할 수 있도록 가르치고 분위기를 만들어 주려는 노력을 게을리 하지 말아야 한다.

씨앗 2   **건강한 부자는 모든 일에 '감사'한다**

'감사하기'는 역사상 가장 위대했던 모든 선구자들이 가르친 삶의 숨겨진 핵심이었으며, 부자가 가진 덕목이었다.

출간 이후 세계적인 관심을 받은 「시크릿, The Secret」의 필자 론다 번은 '감사하기'는 삶을 보다 윤택하게 하는 중요한 도구가 된다고 하였다. 생활에서 갖는 불평보다 먼저 감사한 것을 떠올리면 삶의 에너지가 바뀌어 사고방식도 바뀌기 시작한다고 하였다.

월러스 워틀스(1910)는 「부자가 되는 과학」에서 감사하기를 가장 길게 다루고 있다. 그는 "하루에 한 번 감사하는 습관은 부가 당신에게 흘러갈 통로로 작용한다."고 하였다. 그는 이렇게 말한다.

"지금 있는 것들에 감사하라. 고마운 모든 것들에 대해 생각해 보면 놀랍게도 감사해야 할 일들이 끊임없이 꼬리를 물고 이어질 것이다. 시작은 당신이 해야 한다. 그러면 끌어당김의 법칙이 그 고마운 생각을 받아들여 그와 비슷한 것들을 당신에게 보내준다. '고마움'을 수신 주파수로 맞춰놓으면 모든 좋은 일이 당신 것이 된다"

풍요와 인간 잠재력 프로그램의 창시자인 제임스 레이는 매일 아침 일어나면 침대에서 내려오기 전에 먼저 "감사합니다"라고 되뇌었다고 한다. 그리고서 감사해야 할 일들을 떠올리며 하루일정을 계획하곤 했다는 것이다. 이렇게 감사한 일을 끄집어 내다보면 진정으로 마음에서 삶에 대한 감사의 물결이 일고 그러한 마음이 생에 대한 더욱 뜨거운 열정을 갖게 되는 것이 아닐까?

샘 월튼은 1992년 미국의 경제주간지 「포천」의 수석 편집자인 존 휴이와 함께 자서전을 출간했는데, 그 말미에 성공적인 기업 경영의 법칙을 제시했다. 그 중에는 '당신의 동료와 고객에게 감사하기'가 포함되어 있다.

이 책에 소개된 여러가지 법칙 가운데 제5법칙, '당신의 동료들이 사업을 위해 하는 모든 일에 감사하라.'를 살펴보자.

"급여나 스톡옵션으로 일정 정도의 충성심을 살 수는 있다. 하지만 모든 사람들은 우리가 누군가를 위해 해준 일에 얼마나 감사하고 있는지 듣고 싶어 한다. (중략) 적절하게 선택된, 적절한 시기의, 진지함이 넘치는 칭찬의 말을 대신할 수 있는 것은 아무 것도 없다. 그것은 완전히 공짜이며 행운만큼이나 가치가 있다."(이상건의 글)

부자 부모의 자녀교육은 이 책에서처럼 먼저 감사를 가르치면서 시작되는 것이다.

씨앗 3 　건강한 부자는 계속해서 '배운다'

부를 이루는 요소로 '인성', 그 중에서도 자기훈련(self-discipline)이 중요하다고 한다.

「부자들의 개인 도서관」에서 이상건은 황금동굴에 이르는 지도는 '지식'이라고 보며 부자가 되기 위해서 공부가 필요함을 아래와 같이 역설하고 있다.

"세계 제일의 부자 빌 게이츠는 '어려서부터 책을 언제나 끼고 사는 책벌레'였고, 세계 2위의 갑부 워렌 버핏은 '자료를 많이 읽기'

로 유명하다. 그는 2005년에 맥주회사 안호이저-부시의 주식을 사들였는데, 그 때 이런 말을 했다.

'나는 25년 동안 안호이저-부시의 연차 보고서를 빠짐없이 읽어왔다. 드디어 내가 원하는 가격대에 이르렀다.'"

워렌 버핏은 스스로를 훈련하고 배우는데 열의를 다 한 것이다. 워렌 버핏의 투자 기법을 가장 잘 설명하는 로버트 헤그스트롬은 "현명한 투자자는 많이 읽는다."고 하였다. 이는 돈이 다른 사람들과의 인간관계에서 얻어지는 것이므로 다른 사람들의 생각과 사고방식, 심리에 대해 이해해야 함을 말하는 것. 인간에 대한 이해를 위해서는 문학, 철학, 심리학 등 인문학을 공부하여 인간에 대한 이해가 필요하다. 미국 월가에서 가장 존경받는 존 템플턴 경은 '자신을 살아 있는 도서관으로 만들라'고 주문하기도 한다.

이처럼 좋아하는 분야의 책을 읽고 열심히 공부하게 하는 것이 곧 부모의 책임이다.

씨앗 4 건강한 부자는 '남과 다르게' 행동한다

건강한 부자는 일반인과는 다른 '특별한 가치관, 행동양식'을 갖고 있으며, 같은 상황에서도 다른 방식으로 행동하는 특성을 갖고 있다. 누구나 가는 정석만을 따르고 정착하려 하기 보다는 같은 것을 다르게 보고, 절대적이라 생각해오던 원칙도 때로는 무너뜨리고 문제를 해결하는 사고의 유연성과 탄력 있는 실천력을 갖고 있다.

일본에서 '긴자마루칸'의 창업자이며 개인 소득 누적 납세액 1위를 독주하고 있는 최고의 부자 사이토는 "어떻게 해야 매출을 늘릴 수 있을까요?"라고 묻는 제자 오마타 간타에게 일반적으로 생각할 수 있는 상품을 매력적으로 만든다거나, 가격을 낮추는 방법이 아닌 사람의 마음을 사로 잡는 방법을 전해주었다. 그는 "즐겁게 하면 되지요. 상품을 설명할 때도 어떻게 하면 즐거운 이야기가 될 수 있을까? 어떻게 하면 손님에게 즐거운 이야기로 들릴까를 항상 고민하면서 이야기하고 돈이 되지 않는 정보도 가르쳐 주면 더욱 좋지요."라고 말했다.(오마타 간타, 2008)

문제를 해결하기 위해 새로운 관점에 서서 상황을 바라보고 핵심을 꿰뚫는 아이디어를 제시한 것이다.

미국경제에서 주요위치를 차지하고 있는 유대인의 교육철학의 하나가 '남보다 뛰어나기 보다 남과 다르게 되어라'이다. 수많은 정보가 쏟아져 나오고 누구나 정보에 접근가능한 정보화사회에서는 더욱 이러한 창의적이고 독창적인 문제해결력과 실천력이 중요하다. IMF 경제 위기에 빠진 개인들 가운데 그 어려움을 누구보다 빨리 벗어날 수 있었던 사람은 바로 많은 지식을 가진 사람이 아니라 남과 다르게 생각하고 색다른 것을 찾아내 상품화하여 사람들의 마음을 사로잡은 사람이다.

샘 월튼의 성공적인 기업경영의 제10법칙은 '흐름을 거슬러 올라 가라'이다. 즉, 다른 길로 가라는 것이다. 관습적인 지식들을 무시하고 다른 사람이 갖고 있는 생각과 정반대의 길, 또는 비껴가는 길을 택하라는 것이다. 남과 같은 길을 가는 것이 마음 편안하고 쉽다. 그러나 진정을 얻을 수 있는 것은 한정될 뿐이라는 점을 강조한다. 성경에서처럼 좁은 문으로 들어가는 차별화 전략이 우리 아이들을 특별하게 만든다.

씨앗 5 건강한 부자는 '사람'이 중요함을 안다

일본에서 건강식품, 천연화장품 등을 판매하는 긴자마루 칸의 창업자로 12년 연속 일본 고액납세자 10위 안에 선정된 명실상부한 최고의 부자 사이토는 중학교 졸업의 학력이 전부이지만 자신의 일을 즐기며 행복하게 살아가고 있다.

사이토는 세상을 애정 어린 시선으로 본다. 따라서 사람을 대하는 자세도 따뜻한 애정을 기본으로 한다. 그는 「부자 멘토와 꼬마제자」의 저자 오마타 간타가 젊은 나이에 사장에 오르기까지 정신적 지주가 되어 주었다. 사이토는 어린 제자가 곤란에 처할 때마다 찾아오면 은근슬쩍 격려한다. 제자가 자신의 가르침을 무시하고 경거망동으로 회사에 큰 손실을 입혔을 때도 결코 화를 내거나 나무라지 않고 따뜻하게 다독였다고 한다.

세계 최고의 갑부 빌 게이츠는 마이크로소프트사 창립 초기에 인재의 중요성을 경험하였다. 그는 "스티브가 있었기에 나는 기술적인 일에만 집중할 수 있었다"고 하며 기업 성공에 휴먼 네트워크의 중요성을 확인시켜 주었다.

샘 월튼은 기업 내에서 함께 일하는 동료들과 어떻게 함께 일할지에 대한 노하우를 몇 개의 법칙으로 소개하였는데, 그 가운데 제2법칙은 '당신의 이익을 모든 동료들과 공유하라. 그리고 그들을 동반자로 대우하라.'이다. 동반 체제 속에서 '섬기는 리더'로서 행동하라. 그러면 그들 또한 당신을 동반자로 대우해 줄 것이고, 당신은 당신이 품은 기대 이상의 것을 성취하게 될 것이다.

당신의 동료들로 하여금 소속된 회사와 경제적 이해관계를 갖도록 하라. 할인된 가격으로 주식을 주고, 퇴직할 때 주식을 교부하라. 그것이야말로 우리가 이제까지 해 온 일 중 가장 잘한 일이다라고 했다.(이상건의 글)

빌 게이츠가 청소년들에게 주는 열한 번째 메시지는 "주변의 모든 사람을 선하게 대하라!"이다.

"너그럽지 못하다는 것은 곧 여유가 없음을 말한다. 당신이 얼마나 성공을 했든, 얼마나 높은 산을 정복했든, 얼마나 긴 방학을 가지고 있든, 그리고 얼마나 많은 목표를 가지고 있든지 간에 관용이 없다면 아직도 괴로움이 마음속에 있는 것이다. 이 세상에서 가장 큰 것은 바다고 그것보다 더 큰 것은 하늘이다. 또 하늘보다 더 큰 것은 사람의 마음이다. 공동체에게 너그러움은 관용적이그 화합적인 분위기를 창조하는 조절제와 같은 역할을 해준다"였다.(SuchunLi, 2007)

이러한 건강한 부자들의 특성은 부자란 자신의 재물 축적에만 관심을 갖는 이기적인 사람이 아니라 사람 속에서 생의 보람을 느끼는 인본주의적 가치관을 가졌다는 것이다. 학교공부보다 더 중요한 것은 친구와 우정을 쌓고 인간관계를 만들어 나가는 훈련을 쌓는 것이다.

씨앗 6   건강한 부자는 '다른 사람의 성장'을 돕는다

미국의 오늘이 있기까지 견인차 역할을 한 것은 기부 문화였다. 이러한 미국 상류층의 기부 문화의 전통을 수립한 주인공은 바로 철강왕 앤드류 카네기이다. 그는 「부의 복음」에서 '부자는 인생의 전반부에 부를 획득하여 후반부에 부를 분배하는 시기가 되도록 해야 한다'고 말했다.

또한 미국의 교육부 장관 로드 페이지가 미국의 학교에서는 '3R' 못지않게 '3S'를 가르쳐야 한다고 말한 적이 있다. 그가 말한 '3R'은 읽기(Reading), 쓰기(Writing), 수리(數理, Arithmetic)를 말한다. 그가 말한 '3S'는 저축(Savings), 소비(Spending), 나눔(Sharing)을 말한다. 그는 부자 학습의 중요성과 함께 특히 나눔의 정신을 강조하고자 했던 것이다.(문승렬, 2005)

일본 최고 부자의 한 사람인 '긴자마루 칸'의 사이토는 그의 제자들에게 각자의 삶을 되돌아보도록 '영혼의 성장'이라는 화두를 다음과 같이 던진다.

"다른 사람들의 처지를 헤아리면서 열심히 일을 하면 부자도 될 수 있고 행복해질 수도 있지 않을까? 시간은 좀 걸릴 거야. 그러나 그 과정을 즐길 수 있으면 인간으로서 성장해 갈 수 있지. 우리의 영혼도 함께 성장할 수 있어."

우리나라의 아름다운 재단도 '세상에 나눌 수 없는 것은 없습니다'라는 구호를 걸고, 국민과 기업을 대상으로 1% 기부 운동을 전개하고 있다. '1% 나눔은 내가 살고 싶은 세상을 만들기 위한 가장 부드럽고 강력한 해법'이라고 재단의 철학을 소개하고 있다.

부자들이 얻은 재물을 자신만의 능력으로 생긴 것이라 생각하고 부를 누리는데만 급급한 사람은 결코 그 부를 아름답게 간직할 수 없다. 내가 얻은 부는 반드시 누군가의 기여가 있었기에 가능한 것이며 그래서 우리는 가진 것을 다른 사람의 좀 더 나은 삶과 성장을 위해 나누는 행위를 통해 건강한 부자로서의 아름다움을 보여줄 수 있다.

이런 사실을 어릴적부터 자녀들에게 심어주는 노력이 자녀를 부자로 만들어 준다.

2) 내 자녀, 건강한 부자로 키우는 방법

그럼 앞에서 살펴본 이런 씨앗을 어릴 때부터 키워나갈 수 있도록 하기 위해 부모로서 무엇을 어떻게 교육해야 할 것인가? 유아기부터 아이들은 세상에 대한 나름대로의 태도와 가치관을 형성해 간다. 무엇이 좋은 것인지, 내가 어떻게 행동하는 것이 옳은 것인지에 대해 가정에서 직접 체험하는 실천적 경험 속에서, 부모의 모습을 관찰하는 경험을 통해서 많은 영향을 받게 된다. 따라서 자녀를 건강한 부자로 키우기 위해서 우선 부모 스스로가 건강한 부자의 씨앗을 갖고 있는지, 부족하다면 어떻게 해야할 지에 대해 자신을 점검하고 노력하려는 마음을 갖는 것이 중요하다.

그래서 이 장에서는 6가지의 건강한 부자들이 갖고 있는 자산 6가지에 대해 각각 먼저 부모자신 돌아보기에 관한 활동이나 제안을 기술하고 그 다음으로 자녀를 교육하기 위한 활동이나 제안 등을 기술하였다. 자전거를 타는 능력과 같은 단순한 기술과는 달리 가치관이나 태도를 형성하는 교육은 많은 시간과 지속적인 노력을 필요로 한다.

이 글에서 제안한 방법을 단기간 한 번씩 해보고 나서 조급하게 왜 우리 아이가 변하지 않는지 의문을 갖지 말고 꾸준히 아이가 성장하는 동안 주기적으로 그 단계에 맞게 반복해서 해 볼 것을 권해드린다. 이 책에서는 주로 유아와 초등학생을 둔 부모를 염두에 두고 활동과 제안을 기술하였다.

✔️ 나는 건강한 부자가 될 수 있을까?

다음 설문에 O, X 표를 해보자. 이 설문은 내 자신을 되돌아보며 '그렇다'라고 생각할 때에는 O에, '아니다'라고 생각할 때에는 X에 ✔ 표시를 해보자. 건강한 부자들의 특징을 정리한 것이다.

	건강한 부자들의 특징	O	X
1	나는 내가 하는 일을 즐겁게 한다.		
2	일을 하다가 난관에 부딪혔을 때에도 긍정적인 마음가짐을 잃지 않는다.		
3	하루를 돌아보며 열심히 생활한 자신을 격려한다.		
4	'감사합니다'라는 인사말을 자주 사용한다.		
5	신문 또는 책을 꾸준히 읽는다.		
6	더 나은 내일을 위해서 꾸준히 공부해야 한다고 생각한다.		
7	성공한 사람들의 인생관 또는 생활 습관에 관심을 갖고 본받으려고 노력한다.		
8	창의적이고 진취적인 사고를 즐긴다.		
9	선택의 갈림길에서 대세를 따르기 보다는 논리적인 결정을 한다.		
10	나의 성공적인 삶을 위해서 꼭 지키는 나만의 약속이 있다.		
11	세상은 혼자서 살아갈 수 없다고 생각한다.		
12	부(富)를 얻기 위해 친구를 배신하는 것은 있을 수 없는 일이라고 생각한다.		
13	바쁜 일상 속에서도 주변의 친지와 친구들에게 늘 관심을 갖는다.		

	건강한 부자들의 특징	O	X
14	나의 가족들과 행복한 시간을 보낼 때, 이런 행복을 느끼지 못하는 이웃들을 생각해본 적이 있다.		
15	함께 일하는 동료에게 칭찬과 격려를 아끼지 않는다.		
16	나는 돈 이외에도 세상을 풍요롭게 하는 것이 많다고 생각한다.		
	갯 수		

O에 ✔ 표시는 모두 몇 개가 있는가?

10개 이하 : 정말 부자가 되고 싶다면 X에 ✔ 표시한 항목들을 읽으며
　　　　　　내일부터 실천하라.

11개~13개 : 건강한 부자가 될 수 있는 희망이 보인다.

14개 이상 : 당신은 이미 건강한 부자!

① 나 돌아보기 : 일로부터 즐거움을 찾아라!

최 대리는 침대에 누워 고민한다. "직장을 더 다녀야 해? 말아야해?" 아내와 토끼같은 자식들을 생각해서 최대리는 오늘도 만원 버스에 몸을 싣는다. 회사에 도착해 자리에 앉자마자 어김없이 들려오는 김 과장의 목소리 "최 대리! 당신한테 주는 월급이 아까워! 당장 다시 해 와!" 최 대리의 눈은 컴퓨터 모니터에 나타난 서류를 보고 있지만, 머릿 속으로는…"때려치자. 더 이상 못 하겠다. 난 원래부터 이 일이 싫었어!"

유치원을 향하는 김 교사의 발걸음이 가볍다. "아이들이 물놀이를 얼마나 좋아할까!" 유치원에 도착한 김 교사는 물을 이용해서 할 수 있는 다양한 놀이들을 구상하며, 필요한 재료와 도구를 준비한다. 햇볕이 쨍쨍 내리쬐는 한낮에 아이들과 함께 물놀이를 시작한 김 교사는 어느새 아이들과 친구가 되어 옷이 젖는 줄도 모르고 신나게 놀이한다. 교실로 돌아와 아이들의 옷을 일일이 갈아입히느라 힘이 들지만, 여전히 김 교사의 얼굴에는 미소가 만발한다. '해맑은 너희들을 매일 만날 수 있는 나는 참 행복한 사람이야.'

누구의 모습에서 나와 닮은 꼴을 찾았는가? 최 대리인가? 김 교사인가?

김 교사처럼 열정을 가지고 즐거움 속에서 일을 한다면, 몸은 피곤하더라도 마음만큼은 편안할 것이다. 뿐만 아니라 자신이 가지고 있는 최대의 능력을 발휘하게 될 것이다.

지금부터 내가 하고 있는 일(직업)에 대해서 곰곰히 생각해보는 시간을 가져보기로 하자.

이 과정을 통해 잃어버렸던 일에 대한 열정이 내게 남아있음을 깨닫거나 새롭게 불러 일으켜 볼 수 있을 것이다.

- 어떤 일을 하고 있는가?
- 이 일을 시작한지 얼마나 되었는가?
- 왜 이 일을 하게 되었는가?
- 그동안 일을 하면서 가장 신나게 일했을 때는 언제인가?
- 신나게 일하던 그 때, 무엇이 나를 신나게 만들었을까?
- 요즘은 어떤 마음으로 하루를 시작하는가?
- 요즘 슬럼프에 빠졌다면 그 이유는 무엇일까?
- 나를 힘들게 하는 요소는 무엇인가?
- 그 어려움을 해결할 수 있는 방법은 무엇인가?
- "나는 _____ 를(을) 위해서(때문에) 내 일을 사랑해야지" 라고 소리 내어 말해 보자.

② 자녀와 함께하기 : 네가 정말 하고 싶은 일은 무엇이니?

자녀들의 일거수일투족을 책임지며 자녀의 삶을 대신 살아주는 '헬리콥터 부모'라는 신조어가 등장한 것이 요즘의 현실이다. 자신이 못다 이룬 꿈을 자녀에게 강요하며 대리만족의 기회로 삼는 부모들이 "우리 아이는 꼭 _____로 키울 거예요"라는 단호한 입장을 표명하기도 한다. 이런 분위기 속에서 우리가 진정 행복감을 느끼며 하고 싶은 일을 생각해보는 활동을 함께 해보면 어떨까?

1. 자녀와 함께 다음과 같이 이야기를 나누어 보자.
   - ○○야! 너는 커서 무엇이 되고 싶니?
   - 어떤 일을 하는 사람이니?
   - 왜 □□□가 되고 싶어?
   - 그 일을 하면서 가장 행복할 때는 언제일까?
   - 즐거운 마음으로 일을 한다면 좋은 점은 무엇일까?
   - □□□로 유명한 사람을 알고 있니?

- 그 사람은 어떻게 준비해서 훌륭한 ☐☐☐가 될 수 있었는지 함께 알아보면 어떨까?
- 그 사람은 어떤 마음으로 일을 하고 있을까?
- 너도 그런 마음을 가지고 ☐☐☐처럼 일할 수 있을 것 같니?
- 엄마, 아빠도 네가 ☐☐☐가 된다면 잘 해낼 수 있을 것이라고 믿어.

2. 자녀가 되고 싶어 하는 직업 분야에서 실제로 성공한 사람들을 인터넷으로 찾아보고, 이야기를 나눈 후 아래의 표를 함께 완성해보자.

자신의 일을 사랑하는 사람들

- 이름 :
- 직업 :
- 성공할 수 있었던 이유 :

- 이 사람이 자신의 일을 사랑한다고 느낀 이유 :

③ 자녀와 함께하기 : 나에게 맡겨진 작은 일부터

　　자녀가 자신에게 주어진 일들을 즐거운 마음으로 수행하는 사람으로 성장하기를 바라는가? 그렇다면 아이들에게 가정에서 할 수 있는 작은 일들을 맡겨보는 것은 어떨까? 가족들을 위해 기쁜 마음으로 일을 하는 아이들에게 적절한 칭찬과 격려를 해줌으로써 아이들은 보람을 느끼며 의미 있는 일을 찾아 즐기고 보람을 느낄 수 있는 성인으로 성장할 수 있을 것이다.

🌱 활동 방법

1. 아이들이 할 수 있는 집안 일에 대해 이야기를 나눈다.
   - 우리 가족들을 위해서 네가 할 수 있는 일은 무엇인지 생각해보자.
   - 엄마(아빠, 언니, 형, 동생 등)를 도와줄 수 있는 방법은 무엇일까?
   - "집안이 늘 깨끗할 수 있도록 네가 할 수 있는 일은 무엇일까?"
     와 같이 구체적으로 짚어 질문하면 아이들이 아이디어를 능동적으로 생각해 내는데 도움을 줄 수 있다.

2. 자녀가 할 수 있는 일을 약속으로 정한다.

- 가족들을 위해 할 수 있는 일 중에서 꼭 지키고 싶은 것을 (   ) 가지 정해보자.

- 네가 정한 것을 기억할 수 있도록 어떻게 하면 좋을까?

- 종이에 적어서 붙여놓는 것은 어떨까?

3. 매일 저녁 아이들과 함께 평가하는 시간을 갖는다

- 아빠의 구두를 닦아드리기로 한 약속을 잘 지켰니?

- 약속들 중에서 잘 지켜진 것은 몇 가지이니?

- 가족들을 위해서 일을 할 때 네 마음이 어땠니?

- 엄마, 아빠도 네가 기쁜 마음으로 일을 하는 것을 보니 참 행복했단다.

기억하세요!

① 약속을 지키는 때를 놓치지 말고, 격려해 줄 것.

② 자녀가 약속을 지키지 못했다면 어떻게 보완할 지에 대해 의논하여 책임감을 가질 수 있도록 해주어야 한다.

연령에 따라 가정에서 할 수 있는 일의 예

- 3~5세 – 식사한 후에 그릇 정리하기, 아빠 구두 닦아드리기, 놀잇감 정리하기, 화분에 물주기

- 초등학생 – 식탁 차리는 것 돕기, 내 방 청소하기, 동생과 놀이해주기, 부모님께 안마해드리기

① 나 돌아보기 : 내가 잘나서 성공했다고 생각하는가?

우리가 아직 큰 부자가 되지는 못했다 하더라도 커다란 근심걱정 없이 가족들과 행복하게 살아갈 수 있는 것은 누구 덕분일까? 아주 사소한 것이었을지라도 내 주변 사람들의 도움 없이는 오늘의 내가 없었을 것이다. 내 주변을 돌아보는 시간을 가져보는 것은 어떨까?

- 만약 내가 건강하지 않다면?
- 만약 나에게 부모님이 안 계셨다면?
- 만약 내가 지금의 배우자를 만나지 못했다면?
- 만약 내게 자녀가 없다면?
- 만약 내 동료들이 나를 도와주지 않는다면?

나 자신이 열심히 살아온 것도 맞지만, 내 주위 사람들의 도움이 없었다면 부자가 되는 길은 무척 험난했을 것이고, 앞으로도 험난할 것이다. 도움을 주었던 대상을 향해 감사의 마음을 전해보면 어떨까?

- 나의 부모님에게 가장 감사해야 할 것은 무엇일까?
- 나의 배우자에게 불만도 있겠지만 그래도 감사할 수 있는 것이 반드시 있다. 무엇일까?
- 간혹 갈등이 있기도 하지만 나의 동료에게 감사할 수 있는 것은 무엇일까?
- 나의 삶과 가깝게 또는 멀게 조금이라도 연관된 사람들을 떠올려 보자. 그리고 이렇게 말해보자. "_____하주셔서 감사합니다"

생활 속 '감사합니다'

- 편하게 잠을 자고 아침운동에 나선 그대
  "오늘도 깨끗한 산책로를 만들어준 분에게 감사합니다."
- 아이들과 오순도순 모여 앉아 식사를 하는 그대
  "건강한 모습을 보여주는 나의 아이, 남편에게 감사합니다."
- 자신의 일을 가지고 있는 그대
  "제가 가지고 있는 능력을 발휘할 수 있게 해주셔서 감사합니다."
- 잠자리에 드는 그대
  "오늘 나의 하루를 무사히 지낼 수 있게 해준 모든 분들에게 감사 합니다."

② 자녀와 함께 하기 : 아이와 함께 하는 '고마워요!' 릴레이

　당신의 자녀는 "감사합니다", "고마워요"라는 인사말을 잘하는 가? 고마움을 느끼는 마음도 중요하지만 표현을 통해 더욱 더 작은 것에도 고마워 할 수 있는 태도를 기를 수 있다. 가족간에 하루를 지내며 고마움을 표현하는 것을 습관화 할 수 있는 놀이를 해 보자.

🌱 감사의 일요일

1. 매주 일요일 잠들기 전에 아이와 함께 감사의 마음을 표현하는 시간을 갖는다.
2. 아이와 두 손을 마주 잡고 서로의 눈을 바라본다.
3. 한 주 동안 있었던 일들을 회상하며 고마웠던 순간들을 기억해 본다.
4. "고마워", "고마웠어요", "감사해요"로 시작해서 그 이유를 이야기해 본다.(학교를 즐겁게 다녀주니 고마워. 엄마가 보고 싶은 프로그램을 볼 수 있게 양보해줘서 고마워. 밥 먹고서 그릇을 치워

줘서 고마워. 건강해서 고마워.)

5. 부모와 아이가 한 번씩 교대로 이야기하며 릴레이 형식으로 이어간다.

6. 고마운 마음을 몸으로 표현하는 방법을 함께 정하고 직접 해본다.(예를 들어, 안아주기, 뽀뽀하기, 업어주기 등)

🌱 오늘 하루 감사한 일 적기

1. 메모할 수 있는 종이를 마련한다.

2. 하루를 지내며 가장 고마움이 느껴진 일에 관련된 대상과 그 이유들을 적는다.

3. 메모 종이(쓰고 지울 수 있는 메모판을 활용해도 좋다)를 냉장고에 자석을 이용하여 붙여 놓는다.

4. 함께 식사를 하거나 이야기 나눌 기회에 고마움이 적힌 종이들을 함께 읽으며 공유한다.

오늘 하루 감사한 일

① 나 돌아보기 : 배움에는 끝이 없다

성공한 사람들의 삶을 살펴보면 그들은 유명해지기까지, 그리고 유명해진 이후에도 배우는 것을 소홀히 하지 않는다. 배움은 단순히 학교를 통해, 학력을 높이는 방법을 통해서만 이루어 진 것이 아니다. 자신보다 낮은 사람에게서도, 독서를 통해서, 실패의 경험을 통해서도 배운 것이 부자가 되는 밑거름이 되었다. 지금의 내가 되기까지 어떤 배움의 과정이 있었는지를 생각해 보자.

1. 다음의 상황, 방법을 통해 배운 것 가운데 떠오르는 것을 적어 보자.

· 학교에서 배운 것 :

· 부모에게서 배운 것:

· 주변이나 다른 사람의 삶을 통해서 배운 것:

· 여행을 통해서 배운 것:

· 성공적인 체험을 통해서 배운 것:

· 책을 통해서 배운 것:

· 인터넷 강의를 통해서 배운 것:

· 실패를 통해서 배운 것:

2. 또 어떤 방법을 통해서 배울 수 있을까?

· 내가 하는 일에 있어서 전문성이 필요한 부분은 무엇인가?

· 전문성 향상을 위해 무엇을 더 배워야 하나?

· 내가 처해 있는 상황에서 가장 효과적으로 배을 수 있는 방법
은 무엇인가?

· 생활의 활력을 위해 새롭게 도전하고 싶은 분야가 있나? 취미
생활이어도 좋다.

· 새로운 배움을 시작하기 위해 준비할 것은 무엇인가?

② 자녀와 함께 하기 : 궁금한 것이 있다면?

아이들은 세상에 대한 풍부한 호기심을 가진 존재이다. 그래서 새롭고 궁금한 것을 보면 "뭐예요?" "왜요?"라는 질문을 계속하게 된다. 아이들에게 궁금한 것이 있을 때, 부모님과 함께 그것을 알아보는 과정을 경험한다면, '배움'과 '앎'으로부터 느끼는 즐거움을 만끽하는 경험을 통해 배움을 즐기는 아이로 성장할 수 있는 씨앗을 키울 수 있다.

🌱 생각의 샘으로 배움을 즐기기

1. 궁금한 것을 적어보는 생각의 샘을 만들어 보자.

- 엄마(아빠)가 너를 위해서 작은 노트를 준비했단다.
- 궁금한 점이나 알고 싶은 것이 있니?
- 그런 것을 적을 수 있는 노트란다.
- 이 노트에 어떤 이름을 붙여주면 좋을까?

• 우리의 생각 주머니를 점점 자라게 해준다는 의미에서 생각의 샘은 어떨까?(아이들이 원하는 제목을 정한 후, 노트에 적어 보자.)

2. 생각의 샘 활용방법에 대해 이야기 나눈다.

• 궁금한 것을 어떻게 해결할 수 있을까?
 (예 : 인터넷으로 검색하기, 백과사전에서 찾아보기, 부모님과 직접 경험해보기 등)
• 새로 알게 된 것들을 기억할 수 있도록 생각의 샘에 적어보면 어떨까?

3. 함께 놀이해본다.

• 궁금한 점은 무엇이니?
• 어떻게 알아보는 것이 가장 좋을까?
• (조사 활동을 끝낸 후에) 새롭게 알게 된 것은 무엇이니?
• 궁금한 것을 직접 해결해보니 어땠니?

기억하세요!
① 다양한 방법을 이용해서 정보를 찾을 수 있도록 도와줄 것.
② 어린이들이 새로운 것을 알게 되는 성취감을 직접 느껴볼 수 있도록 도와줄 것.

① 나 돌아보기 : 성공한 사람들은 남다른 특별함을 가지고 있다

성공한 사람들이 펴낸 자서전 속에서 우리는 그들이 일반적인 사람들과는 달리 가지고 있는 범상치 않은 면모들을 찾을 수 있다. 성공한 사람들이 가지고 있는 남다른 생활 태도, 가치관이나 문제 해결 방식 등이 오늘날 그들을 성공한 사람으로 만든 것은 아닐까? 내가 가지고 있는 특별함은 무엇인지 생각해보자.

현대를 세계적인 기업으로 성장시킨 故 정주영 회장

사람들이 모두 부정적인 측면으로만 바라보며 불가능한 일이라고 장담할 때, 故 정주영 회장은 자신 있는 목소리로 이렇게 이야기했다. "해 보기나 했어?"

이 말씀은 생전에 불가능 앞에서 끊임없이 도전하려고 했던 남다른 의지와 실천력을 보여준 정 회장의 삶을 대변하는 말이라고 할 수 있다.

 **생각해보기**

- 故 정주영 회장이 지닌 특별함은 무엇이었을까?

1. "나는 남들과 달라!"라고 말할 수 있는 것을 찾아보자.

- 내가 가지고 있는 특별한 성향이나 생각은 무엇인가?
- 그 중에서 특히 남들과 다른 점은 무엇인가?
- 그런 특별한 성향이나 생각이 어떤 점에서 장점이 되는가?

2. "우리 아이는 남들과 달라!"라고 말할 수 있는 것을 찾아보자.

- 아이가 가지고 있는 특별한 성향이나 행동방식은 무엇인가?
- 그 중에서 특히 남들과 다른 점은 무엇인가?
- 그런 특별한 성향이나 생각이 어떤 점에서 장점이 되는가?

② 자녀와 함께 하기 : 만약에 나라면?

아이들도 성장하면서 생활 속에서 수많은 어려움에 부딪히기도 하고, 중요한 결정을 해야 하는 때를 맞이하게 된다. 이런 상황에서 남다른 생각과 성향을 갖고 문제를 해결해보는 경험을 통해 자신의 삶을 보다 윤택하게 개척할 수 있는 능력을 키워갈 수 있다. 아이와 가상의 문제를 해결해보는 활동을 해보면서 남다르게 생각하고 실천할 수 있는 능력을 키워주자.

활동 방법

작은 어려움에 처한 문제상황에서 다른 해결방법으로 성공하거나 실패한 친구들의 예를 들고 성공적인 문제를 해결할 수 있는 방법을 알아 보자. 다양하게 생각해 보는 기회를 주는 것이 중요하다.

문제 상황 – 그림으로 제시하기

축구를 잘하고 싶었지만 공을 자꾸 빼앗기고 골을 넣지 못하는 2

명의 친구가 있어. 한 명은 그냥 축구를 포기하고 다른 한 명은 골키
퍼가 되어 골넣은 친구들의 모습을 잘 보고 배워서 축구를 더 잘하
려고 노력했다고 해.

만약 너라면 어떻게 하겠니? 그런 방법을 사용할 때 어떤 어려움
이 있을까? 그 어려움을 어떻게 이겨낼 수 있을까?

🌱 **문제 상황 – 그림으로 제시하기**

기르던 강아지를 잃어버린 2명의 친구가 있어. 한 친구는 매일 그
저 슬퍼하기만 했어. 다른 친구는 매일 강아지와의 추억을 떠올리며
하고 싶은 말을 쪽지에 한 줄씩 적으며 마음을 달래고 강아지가 돌
아오길 기다리기로 했어. 두 친구의 마음은 어떨까? 너라면 어떻게
하겠니?

① 나 돌아보기 : 인간 중심 마인드를 가져라

세계적인 커피 전문점 스타벅스의 경영자 하워드 슐츠

세계 어디에 가도 쉽게 찾아볼 수 있는 스타벅스. 이 회사가 세계적인 기업으로 성장할 수 있었던 것은 경영자인 하워드 슐츠의 인간 중심 경영철학 덕분이었다. 하워드 슐츠는 매일 점심 식사를 할 때마다 다양한 사람들을 만났다. 단순히 지인들과 함께 식사를 하기 위해서가 아니라, 현 시대를 살아가는 다양한 사람들이 각기 어떤 모습으로, 어떤 마음으로 삶을 살아가고 있는지, 또 그들이 지향하고 있는 바는 무엇인지에 귀를 기울이기 위해서이다. 하워드 슐츠는 점심 시간을 통해 들은 이야기들을 참고하여 기업 운영의 묘를 가지게 되었다.

불도저처럼 '밀어붙이기' 식의 경영 방식은 21세기를 살아가는 지금에는 비효율적인 방법임이 자명하다. 각 구성원들에게 관심을 갖고, 그들이 스스로 자아 존중감을 가지고 일을 할 수 있도록 제반 여건을 마련하는 것이 기업의 발전을 위한 첫걸음이 되어야 한다. 이는 회사를 경영하는 것에만 국한되는 이야기가 아니고, 타인과의 관계에서도 적용될 수 있다.

- 나와 함께 생활하며 지내는 사람들은 누구인가?
- 나는 그들에 대해서 얼마나 알려고 노력했는가?
- 그들이 나에게 소중한 이유는 무엇인가?

이 름	행동 특징	좋아하는 것 / 싫어하는 것

② 자녀와 함께 하기 : 친구를 기쁘게 해주려면?

아이들에게 '친구'라는 존재는 세상을 살아가는 이유가 될 정도로 그 영향력이 크다. 유아기 때부터 친구의 중요성을 알고, 친구를 사귀고 관계를 유지하기 위해 노력하는 태도를 기를 수 있는 경험을 통해 사람을 존중하는 건강한 부자의 씨앗을 키울 수 있다.

활동 방법 – 유아용

1단계 : 친구의 소중함 알기

- 네가 좋아하는 친구는 누구니?
- 왜 ○○를 좋아하니?
- ○○와 어떤 놀이를 할 때 가장 재미있니?
- 만약 그 친구가 없이 혼자 놀이한다면 어떨까?

2단계 : 친구에게 관심 갖기

- ○○는 어떻게 생겼니?
- ○○가 좋아하는 색깔은 무엇일까?

- ○○가 좋아하는 음식은 무엇일까?

3단계 : 친구와 사이좋게 지내기

- ○○를 기분 좋게 해주는 방법은 무엇일까?
- ○○와 놀이를 하다가 다투는 일이 생기면 어떻게 해야할까?
- 네가 ○○를 좋아하는 마음을 어떻게 표현할 수 있을까?

🌱 활동 방법 – 초등학생용

1단계 : 친구들과의 관계 돌아보기

- 너희 반에서 가장 친한 친구들은 누구니?
- 어떻게 해서 친해지게 되었니?
- 지금은 친하지 않지만, 친해지고 싶은 친구가 있니?

2단계 : 친구들의 특성 생각해보기

- ○○는 어떤 친구니?
- ○○와 친하게 지내면서 좋은 점은 무엇이니?
- ○○가 가지고 있는 장점은 무엇이니?

3단계 : 친구들과 좋은 관계 맺기

- 친구들로부터 도움을 받아본 적이 있니?
- 네가 ○○에게 도움을 줄 때도 있니?
- 친구들과 서로 도움이 되는 관계가 되려면 어떻게 해야 할까?

① 나 돌아보기 : 나눔과 베품의 미덕

돈에 대해 가장 큰 가치를 부여하는 자본주의 국가인 미국에서 세계를 이끄는 부자들이 사람들로부터 존경과 찬사를 받는 이유는 그들이 타인에게 나눔과 베품을 실천한다는 것이다. 물론 다른 사람들을 위해 내 것을 나누는 데 있어 재력만이 그 도구가 되는 것은 아니다. 내가 가진 풍요로움 중에서 사회와 나눌 수 있는 것은 무엇일까?

새우젓 장사로 자선을 베푸는 류양선 할머니

류양선 할머니는 벌써 30년째 시장에서 새우젓을 팔고 계신다. 어렸을 때 돈이 없어서 대학교수가 되고 싶었던 꿈을 접을 수밖에 없었던 할머니. 하루하루 열심히 새우젓을 파셨고, 새우젓 판 돈을 모아서 큰 돈을 만드셨다는 할머니는 당신처럼 가난 때문에 공부를 하지 못하는 학생들을 위해 한서대학교에 장학금 10억 원을 전달하셨다.

- 류양선 할머니께서 전달한 장학금 10억원이 더욱 가치가 있는 이유는 무엇일까요?
- '불우한 이웃과 나눠야지' 라고 늘 생각은 하지만, 행동으로 옮기는데 어려움이 많았다면 지금부터 소개하는 쉬운 방법들을 참조하자.
- 레스토랑이나 커피샵, 공공 기관에 가면 후원금으로 사용될 수 있도록 잔돈을 넣는 작은 함이 마련되어 있다.
- 깨끗하게 입었던 옷, 세월이 흘러 더 이상 입지 않는 옷들은 우리 동네에 마련된 헌 옷 수거함에 넣자.
- 인터넷으로 아래의 홈페이지를 방문하여, 가장 도움이 필요한 곳에 후원자가 되어보자.

Unicef 『나눌수록 커지는 나』 : http://www.unicef.or.kr/
기아대책 『특별한 후원하기』 : http://www.kfhi.or.kr/man.asp
사랑의 재단 『나누면 행복합니다』 : http://www.4rangg.crg/
굿네이버스 『나눔』 : http://forchild.org/
어린이재단 서울지부 『사랑의 손길을 보내세요』 :
http://www.help-seoul.or.kr/
천사운동 『우리는 아름다운 천사입니다』 :
http://www.we1004.or.kr/
사랑의 줄잇기 『사랑의 줄이 필요해요』 :
http://www.lovingline.org/
함께 사는 사람들 : http://www.angel119.or.kr/korean/portal.php

② 자녀와 함께 하기 : 사랑 부자가 될래요

우리의 마음속에 사랑이 가득할 때, 그 사랑을 다른 사람들에게 베풀 수 있고, 이를 통해 모든 사람이 행복해질 수 있다. 자신이 가진 작은 것을 나누어 보는 경험을 통해 베품의 보람과 따뜻한 사랑을 마음속에 가득 담고 사는 건강한 부자의 씨앗을 키워준다.

🌱 사랑 느낌 모으기

- 준비물 : 하트 모양 종이, 필기도구
- 활동 방법
- 오늘 하루 동안 다른 사람들로부터 사랑의 느낌을 받은 적이 있니?
- 무슨 일이었는지를 하트 모양 종이에 적어보면 어떨까?
➡ 한 달 동안 하트 모양 종이가 얼마나 모였는지, 어떤 내용들이 있었는지를 살펴보며, 어린이 스스로가 사랑의 소중함을 느낄 수 있도록 도와주자.

🌱 사랑의 돼지저금통

- 준비물 : 저금통 2개
- 활동 방법
  - 우리에게 돈이 생기면 어떻게 하니?
  - 불우한 친구들을 도울 수 있도록 저금을 해보면 어떨까?
  - 우리를 위해서 돈을 넣는 저금통과 다른 사람들을 위해서 돈을 넣는 저금통을 각각 만들어놓으면 어떨까?

➡ 저금통 두 개에 나누어서 저금을 하고, 하나의 저금통에 모인 돈은 불우이웃을 돕는데 사용할 수 있도록 도와주자.

🌱 사랑을 받는 느낌

- 준비물 : 기록할 종이, 펜, 풀 등
- 활동 방법
  - 인터넷이나 신문에서 다양한 기부(돈, 장기, 책 등)를 한 사람에 관한 기사를 찾는다.
  - 기부를 받은 사람의 삶이 어떻게 변화되었는지, 그 사람의 마음이 어떤지에 관해 이야기 나눈다.

➡ 기부를 받은 사람이 무엇을 얻게 되었는지, 즉, 기부가 주는 영향력에 대해 아이들이 생각해 볼 수 있도록 이야기를 나누는 것이 초점이다.

참고문헌

론다 번(2007). 시크릿. 서울 : 살림출판사

문승렬(2005). 한국부자 세븐 파워의 비밀. 서울 : 휴먼앤북스

문승렬(2007). 한국부자들의 부자일지. 서울 : 한국경제신문

오마타 간타(2008). 부자멘토와 꼬마제자. 서울 : 다산북스

윤선영, 류혜숙(2008). 유아의 빈부개념 인식에 대한 연구. 유아교육학논집, 12(2) 265~282.

윤선영, 류혜숙(2008). 유아가 인식한 부자와 가난한 사람의 이미지에 대한 연구. 게재 중.

이상건(2007). 부자들의 개인 도서관. 서울 : 랜덤하우스

이상건(2008). 부자들의 생각을 읽는다. 서울 : 비아북

조도근 (1989). 한국 학생의 경제적 개념 발달에 관한 연구. 인하대학교 인문과학연구소 논문집, 15, 285~300

SuchunLi(2007). 성공체질로 바꿔주는 성공법칙 11가지 - 빌 게이츠의 성공의 씨앗을 청소년들에게. 포부북스 편집팀 역. 서울 : 포부북스

인터넷 사이트

https://www.beautifulfund.org/ 아름다운 재단

https://www. naver.com/ 네이버 뉴스

건강한 부자는 자녀를 이렇게 가르친다

1판 1쇄 펴낸날 | 2009년 1월 19일

지은이 | 한동철, 이천, 정희숙, 이창원, 조형숙
펴낸이 | 임동선
디자인 | 임선영
펴낸곳 | 늘푸른소나무

출판등록 | 1997년 11월 3일 제 1−3112호
주 소 | 서울시 마포구 서교동 351−25 유창빌딩 401호
전 화 | (02)3143−6763~5
팩 스 | (02)3143−6762
이메일 | esonamoo@naver.com

ISBN 978−89−88640−80−7 (13320)
ⓒ 한동철 이천 정희숙 이창원 조형숙 2009. Printed in Seoul, Korea